本书得到教育部人文社会科学研究基金项目（16YJC630133）、江苏省高校哲学社会科学研究重点项目（2018SJZDI118）、国家自然科学基金面上项目（71874073）、江苏省社科应用研究精品工程重点课题（14SWA-002）、江苏科技大学博士科研启动基金项目（1042931605）的资助。

U0731994

GRAIN
SUBSIDY

魏晓卓

|
著

粮食补贴政策效果追踪
与政策重心漂移研究

基于和谐管理理论的视角

江苏大学出版社
JIANGSU UNIVERSITY PRESS

镇 江

图书在版编目（CIP）数据

粮食补贴政策效果追踪与政策重心漂移研究：基于和谐管理理论的视角/魏晓卓著. —镇江：江苏大学出版社,2018.12
ISBN 978-7-5684-1067-0

Ⅰ.①粮… Ⅱ.①魏… Ⅲ.①粮食－政府补贴－财政政策－研究－中国 Ⅳ.①F812.0②F320

中国版本图书馆 CIP 数据核字（2018）第 299642 号

粮食补贴政策效果追踪与政策重心漂移研究：基于和谐管理理论的视角
Liangshi Butie Zhengce Xiaoguo Zhuizong yu Zhengce Zhongxin Piaoyi Yanjiu：
Jiyu Hexie GuanLi Lilun de Shijiao

著　　者/	魏晓卓
责任编辑/	柳　艳
出版发行/	江苏大学出版社
地　　址/	江苏省镇江市梦溪园巷 30 号（邮编：212003）
电　　话/	0511-84446464（传真）
网　　址/	http://press.ujs.edu.cn
排　　版/	镇江文苑制版印刷有限责任公司
印　　刷/	镇江文苑制版印刷有限责任公司
开　　本/	700 mm×1 000 mm　1/16
印　　张/	12.25
字　　数/	223 千字
版　　次/	2018 年 12 月第 1 版　2018 年 12 月第 1 次印刷
书　　号/	ISBN 978-7-5684-1067-0
定　　价/	46.00 元

如有印装质量问题请与本社营销部联系（电话:0511-84440882）

前　言

我国党和政府历来高度重视"粮食安全"和"农民增收"问题，面对 20 世纪 90 年代以来种粮面积和粮食产量下降、城乡收入差距扩大的趋势，于 2004 年及时出台了包括"粮食财政直接补贴"在内的一系列政策措施，并将"粮食财政直接补贴"作为我国农业补贴的重点与核心，以刺激粮食生产，保障农民收益，确保粮食安全。在如今世界经济的复苏力度低于预期，经济前景充满诸多不确定性，以及我国经济进入"新常态"、城镇化进程快速推进、粮食生产成本越来越高等复杂快变环境下，"粮食财政直接补贴"实施 10 余年来"增产"与"增收"的绩效如何、"增产"与"增收"哪一个才是补贴当前最核心的任务，以及未来补贴的政策走向等问题，需要全面讨论、认真梳理与总结，以更加快速并有效地应对补贴内外部环境的变化，使其进程、绩效和方向更趋科学合理。

和谐管理理论能够有效解决复杂快变环境下的组织及社会管理问题。鉴于此，本书基于和谐管理理论，综合运用内容分析、计量模型分析、演化博弈分析、非线性动力学等方法，研究粮食财政直接补贴的"和谐主题"，以及"和则""谐则""和谐耦合""和谐主题漂移"等问题，分析"粮食财政直接补贴"在复杂快变的环境下是否抓住了补贴的要害，补贴的核心任务究竟是什么，政策需不需要调整，并找出薄弱环节加以改进，预测未来发展方向。本书主要取得了以下几方面的研究成果：

（1）粮食财政直接补贴近年来"实际实施的和谐主题"存在不足，应加快"漂移"以摆脱不和谐状态。 通过 2004—2012 年粮食大事记辨识的我国粮食财政直接补贴"实际实施的和谐主题"是"增产为首要，增收为主要"，而经过 EOL 模型判定的"理应执行的和谐主题"却为"增产与增收应并举"，对比发现两者有差别。从该阶段"粮食财政直接补贴"实施的效果看,"增产"绩效较好但"增收"绩效较差,说明粮食财政直接补贴"实际实施的和谐主题"未能解决好"增收"方面的问题,因此需尽快"漂移"。

（2）**农民主观能动性的发挥（"和则"）体现在种粮上与"粮食财政直接补贴"的力度高度相关。**要发挥种粮农民群体的主观能动性,农民广义的种粮时间投入需要保证维持在一定基本水平上,进而保障粮食安全。演化博弈结果显示:农民群体行为演化的结果和收敛的时间不仅受到农民群体本身选择高时间投入策略的初始比例的影响,还受到政府群体中选择高补贴策略的初始比例的影响,政府群体选择高补贴策略的初始比例越大,补贴效果越好,且补贴政策起作用的效率越高。但是,如果农民只注重广义时间的投入却忽视增加物质和技术的投入,并不能获得理想的收益;如果一味增加种粮的资金投入（如滥用农药、化肥等）,也会加快不良状态演化的进程。

（3）**美欧韩等发达国家和地区粮食补贴的和谐主题经由"增产"向"增收"的演变,政策机理（"谐则"）给予我国镜鉴与启示。**美国、欧盟和韩国的粮食生产条件较好,易于实现粮食供给,其粮食补贴的和谐主题均经历了从"增产"向"增收"的演化;而日本地少人多,耕地面积有限,一直强调"增产",但也越来越注重"增收"和发挥粮食的多功能性。适度加大粮食补贴力度,优化补贴结构,有选择地利用好价格支持方式,优化一般服务支持结构,完善资源与环境友好型补贴,促进补贴政策的制度化建设,是主要发达国家粮食补贴的政策机理（"谐则"）对我国的启示。

（4）**粮食财政直接补贴"和谐耦合"的非线性动态模拟显示其会经历先上升后平稳下降的过程,粮食"稳产"和农民"增收"也是模拟结果展现的趋势。**粮食财政直接补贴"和谐耦合"具有非线性和复杂性特征,构建其非线性动态演化模型,实证分析粮食财政直接补贴、粮食产量和农民种粮收入之间的演化行为发现:随着时间的增加,三个变量中粮食财政直接补贴一开始增加的速度最快,经过一段时间达到补贴最高点后则缓慢下降,这与主要发达国家粮食补贴的演化总体吻合,也契合了我国经济进入"新常态"的背景;粮食产量起初持续增加,后期基本趋于稳产状态;农民种粮收入则基本上以一定的增长率持续平稳地增长。

（5）下一阶段粮食财政直接补贴"和谐主题"的漂移方向是"增收为首要，稳产为主要"，应确立将"农民增收"上升为国家战略的创新理念。从2013年开始，粮食财政直接补贴"和谐主题漂移"的主客观动因的新变化显示，其"漂移"的压力已经产生，将会从2004—2012年的"增产为首要，增收为主要"，"漂移"至下一阶段的"增收为首要，稳产为主要"。创新理念是"漂移"的主要支撑条件：一方面，虽然"粮食安全"作为"粮食财政直接补贴"的战略目标已成为国家战略，但存在"粮食增产"等同于"粮食安全"等思维误区；通过设置"粮食安全等级预警表"，可以提升并强化对"粮食安全战略"的认识，确立粮食短缺与过剩均可能引发粮食安全危机、稳产才是期望的"满意解"与理想的"新常态"等理念。另一方面，"农民增收"尚未成为"粮食财政直接补贴"的战略目标，更没有上升为国家战略，损害了补贴的绩效；而将"农民增收"上升为国家战略，既能够丰富"粮食财政直接补贴"的战略目标的内容，又有利于收入分配向农民倾斜，促进与"粮食安全战略"共赢，提高补贴的绩效，达成WTO的愿景。

2015年中央"一号文件"指出"中国要富，农民必须富""在促进农民增收上获得新成效""提高农业补贴政策效能""继续实施种粮农民直接补贴、良种补贴、农机具购置补贴、农资综合补贴等政策"；2016年"一号文件"提出"研究出台完善农民收入增长支持政策体系的指导意见""将种粮农民直接补贴、良种补贴、农资综合补贴合并为农业支持保护补贴""完善农机购置补贴政策"；2017年"一号文件"强调"以增加农民收入、保障有效供给为主要目标""进一步提高农业补贴政策的指向性和精准性"；2018年"一号文件"重申在新时代"促进农民持续增收""加快建立新型农业支持保护政策体系""落实和完善对农民直接补贴制度，提高补贴效能"等。可见党和政府对"农民增收"和"粮食财政直接补贴"等"三农"问题持续高度重视。习近平总书记在党的十九大报告中宣示"中国特色社会主义进入新时代"，强调"必须始终把解决好'三农'问题作为全党工作重中之重""要坚持农业农村优先发展"。本书的成果预期能够为优化和完善新时代粮食补贴政策提供富有现实性与前瞻性的决策依据，实现粮食补贴和谐发展，促进农民增收，确保粮食安全。

本书在创作期间得到了教育部人文社会科学研究基金项目（16YJC630133）、江苏省高校哲学社会科学研究重点项目（2018SJZDI118）、国家自然科学基金面上项目(71874073)、江苏省社科应用研究精品工程重点课题(14SWA-002)、江苏科技大学博士科研启动基金项目（1042931605）的资助，在此表示由衷的谢忱。

谨以此书献给蓬勃发展的改革事业和关注粮食补贴改革的读者。由于著者的水平有限，书中的缺点和错误之处在所难免，恳请广大专家、学者和读者批评指正。

目录

1

1.1 研究背景与意义

1.1.1 研究背景

国以民为本，民以食为天，食以粮为源。粮食安全一直是我国的国家战略。解决我国近 14 亿人口的吃饭问题，确保国家粮食安全，始终是治国安邦和攸关国计民生的头等大事。新中国成立以来，至少有两次重大事件凸显了我国粮食安全的重要性。一是 1959—1961 年三年困难时期，灾难性的全国大饥荒带给人们的惨痛教训仍在很多亲历者心中记忆犹新；二是 1994 年莱斯特·布朗在美国《世界展望》上发表《谁来养活中国?》一文，1995 年又出版图书，其"中国粮食危机论"引起世界范围的巨大轰动。

粮食产量的波动促成了"粮食财政直接补贴"的诞生。粮食安全的根本是粮食生产，党和政府高度重视并采取一系列政策措施提高粮食的生产能力，我国的粮食生产取得了举世瞩目的成绩：进入 20 世纪 90 年代后，达到供求基本平衡、丰年有余的阶段，甚至还出现了阶段性过剩。然而与此同时，我国工业化和城镇化步伐自 20 世纪 90 年代开始不断加快，粮食面积则加速缩减，2003 年降至 99 410 千公顷，为 1949 年新中国成立以来的历史最低点；粮食总产量从 1999 年开始基本呈现下降趋势，到 2003 年跌至 20 世纪 90 年代以来的谷底，粮食总产量仅有 43 070 万吨，比 1998 年减少了 8 160 万吨[1]。粮食产量的大幅下降引发了政府决策层的担忧，为了刺激粮食生产，保障农民收益，确保粮食安全，2004 年以来，国家及时出台了包括"粮食财政直接补贴"（包括粮食直接补贴、良种补贴、农机具购置补贴和农资综合补贴）在内的一系列政策措施，其增产效应明显，到 2015 年，我国粮食产量已经"十二连增"。

粮食生产成本的上升不断蚕食着"粮食财政直接补贴"政策的利好。从农民自身来讲，提高其主观能动性或者说刺激其种粮积极性的主要动因是收入高低问题，增收是他们最大的愿望。粮食生产作为种粮农民稳定且可靠的收入来源，在解决其收入问题上占有独特的重要地位。然而，自2004年"粮食财政直接补贴"政策实施以来，我国粮食生产成本上升的问题一直比较突出，在较大程度上抵消了"粮食财政直接补贴"政策给种粮农民的实惠，粮食生产收益下降，给农民增收带来了很大的影响，引起社会各界的广泛关注。比如：面对2007年粮食生产成本迅猛上涨且涨幅明显快于以往年份的情形，国家发改委宏观经济研究院将《成本快速上升背景下的农业补贴政策研究》作为2008年年度重点课题加以研究，其研究成果两次得到国家领导人的批示[2]，其研究思想和政策建议先后以不同形式转化为国家的相关政策，为完善"粮食财政直接补贴"等政策提供了较好的参考；上述学术成果也得到了理论界的高度认可，其成果精华发表在2009年《管理世界》[3]期刊上。

"粮食财政直接补贴"政策正面临着日益复杂和不确定的环境变化。随着经济社会的不断发展，"粮食财政直接补贴"政策所面临的环境又发生了很多新的变化，除了上述粮食生产成本仍在逐年上升之外，至少还存在以下境况：① 世界经济在后金融危机时代的复苏力度一直低于预期，全球经济前景充满诸多不确定性；② 我国放慢了长期过度依赖投资和出口拉动的经济高增长的脚步，由高速增长向中高速增长换挡，进入经济"新常态"；③ 虽然我国步入了中等收入国家行列，但也面临着学界所称的"中等收入陷阱"，进入了矛盾叠加、风险增多、爬坡过坎的关键时期；④ 粮食市场出现了国内与国际市场、产区与销区、原粮与成品粮的粮价的多重倒挂与扭曲现象，由于我国主要粮食的价格已高于国际市场价格，继续提价将遭遇"天花板"，与此同时粮食生产成本"地板"越抬越高，导致"天花板"与"地板"之间的空间越来越小；⑤ 由于以往一味追求粮食增产，以化肥和农药的投入倍增、地下水的超采等牺牲生态环境为主要代价的不良后果开始凸显，环境和资源的两道"紧箍咒"，对粮食生产的约束越来越紧。

在上述背景下，研究"粮食财政直接补贴"政策所面临的新问题，对"粮食财政直接补贴"政策进行优化与升级，继续发挥其对粮食安全、农民增收等的重要作用，迫在眉睫。本书基于和谐管理理论，综合运用内容分析、计量模型分析、演化博弈分析、非线性动力学分析等方法，研究粮食财政直接补贴的"和谐主题"，以及"和则""谐则""和谐耦合""和谐主题漂移"等问题，分析"粮食财政直接补贴"在复杂快变的环境下是否抓住了补贴的要害，补贴的核心任务究竟是什么，政策需不需要调整；找出薄弱环节加以改进，预测未来发展方向，确保我国粮食安全和农民增收。

1.1.2 研究意义

本书的研究意义主要体现在理论意义与实践价值两个方面。

1.1.2.1 理论意义

本书的理论意义在于：突破了近年来众多研究就粮食补贴论粮食补贴的思路，将和谐管理理论的适用范围从一般组织进一步扩大到"粮食财政直接补贴"等社会管理领域，分析不确定环境下的"粮食财政直接补贴"核心任务存在的主要问题，为"粮食财政直接补贴"的研究提供新视角的考量。研究有助于拓展粮食财政直接补贴"和谐主题""和则""谐则""和谐耦合""和谐主题漂移"等问题的研究空间，提高其解释力和预测力，为形成与完善"粮食财政直接补贴"研究的主旨思路和框架设计提供参考，为制定新时期"粮食财政直接补贴"政策提供科学分析依据。

1.1.2.2 实践价值

本书的实践价值在于：重新审视了新背景下的"粮食财政直接补贴"最为迫切需要完成的核心任务，提出的基于粮食财政直接补贴"和则""谐则""和谐耦合"等方面的对策措施，为决策部门制定相关政策提供科学依据与重要参考；对进一步充分发挥我国"粮食财政直接补贴"的收入、产量等政策效应，促进农民增收，提升粮食安全水平，推进新农村建设，调整和改善工农关系，构建社会主义和谐社会等，均具有非常重要的意义。

1.2 国内外研究现状

本书应用"和谐管理理论"对"粮食财政直接补贴"的相关问题进行分析，因而本节首先综述"和谐管理理论"的相关研究。考虑到"和谐主题""和则""谐则"等是和谐管理理论的重点研究要素，而其主要对应"粮食财政直接补贴"的目标（或称目标取向、任务聚焦）、对农民种粮行为的影响、政策机制设计，因此分别综述了"粮食财政直接补贴"目标的相关研究、"粮食财政直接补贴"对农民种粮行为影响的相关研究、"粮食财政直接补贴"政策机制设计的相关研究。鉴于"和谐与绩效正相关"[4]，本部分还对"粮食财政直接补贴"效果的相关研究进行了综述。

1.2.1 "和谐管理理论"的相关研究

和谐管理理论（HeXie Management Theory）[4-5]来源于对我国组织发展的经验观察，具有浓郁的"中国味"，是在席酉民教授于1987年提出的和谐理论的基础上发展起来的①。

1.2.1.1 席酉民教授及其团队关于和谐管理理论的研究

席酉民教授是和谐管理理论的创立者，在和谐管理理论的众多研究文献中，席教授及其研究团队的研究成果在理论高度和实践深度等方面均占据着十分重要的地位，这些研究成果主要汇聚在期刊论文、专著和博士及硕士学位论文中。

（1）期刊论文方面

从期刊论文看，笔者登录中国知网的中国学术期刊网络出版总库（1987—2014年），以"席酉民"为"作者"（包括了第一作者和非第一作者）进行检索，通过整理与甄选发现，席教授及其研究团队是从2001年开始陆续发表"和谐管理理论"（区别于"和谐理论"）相关论文（共计75篇）的，其中绝大多数论文发表在国家自然科学基金委员会管理科学部认定的重要期刊上，发表数量最多的重要期刊是《管理学报》（15篇），其次是《管理科学学报》（10篇）。这些论文大体上可以分为

---

① 除了席酉民教授及其团队所创立和发展的"和谐管理理论"外，其他专家和学者也提出和构建了不同的和谐（和合）管理理论，其中具有代表性的文献，以专著为例，主要有以下著作：

张立文教授的《和合学概论（上下卷）：21世纪文化战略的构想》（1996）；

黎红雷教授的《人类管理之道》（2000）；

苏东水教授的《东方管理学》（2005）；

鞠强教授的《和谐管理：本质、原理、方法》（2006）；

黄如金研究员的《和合管理》（2006）；

李桂华教授的《企业和谐管理：基于全面价值理论的研究》（2007）；

石建勋教授的《多元化与和谐管理》（2008）等（详见文献 [6—12]）。

本书是基于席酉民教授及其团队的"和谐管理理论"来开展研究的。

理论研究和应用实践两个层面，具有代表性的文献分别如表 1-1 和表 1-2 所示。

表 1-1 　席酉民教授及其团队和谐管理理论研究的期刊论文情况
（理论研究层面）

分类	研究内容	文献来源
和谐管理理论核心概念的诠释、分析、探索、验证与实证	和谐	黄丹、席酉民，2001[13]
	和谐主题	王琦、席酉民、尚玉钒，2003[14]；王亚刚、席酉民，2008[15]；席酉民、井辉、肖宏文，等，2008[16]；尚玉钒、张晓军、席酉民，2009[17]；尚玉钒、席酉民、赵童，2010[18]；王亚刚、席酉民、尚玉钒，等，2011[19]
	双规则机制	席酉民、井辉、曾宪聚，等，2006[20]
	和谐耦合	唐方成、马骏、席酉民，2004[21]；席酉民、曾宪聚、唐方成，2006[22]
	和谐主题漂移	王琦、席酉民、汪莹，2004[23]
	和谐（机制）一致性	王大刚、席酉民，2008[24]；席酉民、井辉、肖宏文，等，2008[16]
	复杂快变（多变）环境/不确定性（环境/情境）	席酉民、姚小涛，2003[25]；席酉民、唐方成，2004[26]；韩巍、席酉民，2009[27]；尚玉钒、张晓军、席酉民，2009[17]；刘鹏、席酉民，2010[28]；席酉民、张晓军，2010[29]；王亚刚、席酉民、尚玉钒，等，2011[19]
	领导（行为）	尚玉钒、席酉民、宋合义，2008[30]；韩巍、席酉民，2009[27]
	智能体行为模型	郭士伊、席酉民，2004[31]
	绩效	王大刚、席酉民，2008[24]；席酉民、张华、马骏，2008[32]
和谐管理理论基本内容综合分析	和谐管理理论的提出/起源	席酉民、肖宏文、王洪涛，2005[33]；席酉民、刘鹏、孔芳，等，2013[34]
	概念体系	席酉民、韩巍、尚玉钒，2003[35]
	原则	席酉民、韩巍、尚玉钒，2003[35]
	原理	席酉民、肖宏文、王洪涛，2005[33]
	意义/价值	席酉民、葛京、韩巍，等，2005[36]
	作用	席酉民、肖宏文、郎淳刚，2008[37]
	框架	席酉民、韩巍、尚玉钒，2003[35]
	数理表述	席酉民、唐方成，2005[38]
	可持续竞争优势	刘鹏、席酉民，2010[28]
	启示	席酉民、刘鹏、孔芳，等，2013[34]
	前景	席酉民，2011[39]；席酉民、刘鹏、孔芳，等，2013[34]

从表 1-1 可知，在理论研究层面，和谐管理理论已经建立起包括"和谐主题""双规则"（包括"和则"与"谐则"）"和谐耦合""和谐主题漂移"等在内的概念体系、分析工具和理论框架，并且阐明了和谐管理理论的来龙去脉，论述了未来的研究方向。

由表 1-2 可知，在应用实践层面，和谐管理理论更多地被应用于企业当中，重点研究了企业的人（如员工、领导等）与物（如企业演化、无形资产、动态能力等）。此外还研究了其他组织如学校、政府、军队等问题，对社会管理领域问题也有涉及，这对本书开展"粮食财政直接补贴"相关问题的应用分析给予了重要启示。

表 1-2　席酉民教授及其团队和谐管理理论研究的期刊论文情况（应用实践层面）

分类	研究内容	文献来源
企业方面	海尔集团成员间互动	王亚刚、席酉民，2006[40] 席酉民、张华、马骏，2008[32]
	员工（工作）的满意度（机制）	李子叶、席酉民、尚玉钒，等，2008[41]；李子叶、席酉民、尚玉钒，等，2009[42]
	领导（力）	王大刚、席酉民、何方，2009[43]；李鹏飞、席酉民、韩巍，2013[44]；李鹏飞、葛京、席酉民，2014[45]
	无形资产	席酉民、唐方成，2004[26]
	企业动态能力	张晓军、席酉民、谢言，等，2010[46]
	企业危机管理	刘静静、席酉民、王亚刚，2009[47]
	组织内部危机源	张晓军、席酉民，2011[48]
	组织演化	张晓军、席酉民，2009[49]
学校、科研机构方面	导师指导研究生	尚玉钒、席酉民、马娇，等，2013[50]
政府、军队及其他组织问题方面	武器装备采购的质量管理	张晓军、席酉民、毛景立，2012[51]
	国家创新体系	王亚刚、席酉民，2007[52]
社会管理领域方面	和谐社会	淮建军、席酉民，2006a[53]；淮建军、席酉民，2006b[54]；席酉民、王亚刚，2007[55]；席酉民、张晓军，2013[56]

（2）专著方面

席酉民教授指出[4-5]：和谐管理系列著作中的第一本是在 1987 年他

提出和谐理论最原始书稿（席酉民，《和谐理论与战略》，贵州人民出版社，1989[57]）的基础上，经过扩展和充实撰写的《和谐理论》（席酉民、唐方成、郭士伊，西安交通大学出版社，2004[58]），其目的是从系统理论和组织管理理论等多个角度，阐明和谐管理的渊源、基本思想体系及理论框架，分析其对管理理论发展的意义和作用；第二本是《和谐管理理论》（席酉民、尚玉钒，中国人民大学出版社，2002[59]），它是在和谐理论的基础上，面对复杂多变的组织管理问题及管理环境，将和谐理论由一般系统理论向组织管理理论推进，以使和谐理论思想真正成为一种便于应用的组织管理理论，但席教授认为"坦率地讲，这本书在理论体系、主要概念、方法论上形成了基本框架，但还不够完善和充实，许多方面需要深化和完善"[4-5]；于是，就有了对和谐管理理论各方面的深入研究进行阶段性总结的书（即系列著作的第三本）——《和谐管理理论研究》（席酉民、韩巍、葛京，等，西安交通大学出版社，2006[4]），目的是将和谐管理理论框架中的重要概念、关系和分析环节逐一深化，从而使理论更加丰满；作为理论的证明和补充及应用的示范，第四本为案例分析——《和谐管理理论：案例及应用》（席酉民、葛京，等，西安交通大学出版社，2006[5]）。上述四本专著均为对阶段性研究成果的系列总结[4-5]。

（3）博、硕士学位论文方面

从博、硕士学位论文看，席教授所指导的博士生和硕士生，也围绕和谐管理理论进行了大量的研究。在"西安交通大学学术资源发现平台（http：//xjtu. summon. serialssolutions. com/advanced#! /advanced）""超星发现""万方数据知识服务平台"三个检索平台检索发现，与和谐管理理论密切相关的博、硕士学位论文按学位授予时间排序主要有：基于和谐理论的组织系统识别及其运行模式研究（尚玉钒，博士，2003）；基于和谐管理思想的复杂管理问题求解研究（杨莉，硕士，2003）；和谐主题的辨识与漂移研究（王琦，硕士，2004）；和谐管理理论"双规则"机制研究（汪莹，硕士，2005）；和谐管理和则的模式、作用机理、构建途径及其应用研究（肖宏文，博士，2006）；企业和谐管理绩效评价体系研究（孙建强，博士，2006）；和谐管理谐则机制的作用机理、构建途径及其应用的研究（井辉，博士，2007）；和谐管理一致性与组织绩效（王大刚，博士，2007）；和谐耦合机制及其动态过程研究（曾宪聚，博士，2008）；基于和谐管理理论的知识型人才管理研究（张向前，博士，2010）等。这些博、硕士学位论文的电子版与纸质版的知识产权归属西安交通大学，其纸质本限西安交通大学师生在该校的图书馆内阅读。根据席教授及其团队公开发表的期刊论文和出版的专著引用这些学位论文作为参考文献的情况、上述三个检索平台可以检索到的学位论文摘要情况，以及个别研究生后期公开出版了以学位论文为基础的专著（如张向前，2011[60]）等情况推断可知，这些学位论文的核心思想、基本观点等，与席教授及其团队已经公开发表的期刊论文和出版的专著是一脉相通的。

1.2.1.2 其他学者运用和谐管理理论开展的研究

笔者登录中国知网的中国学术期刊网络出版总库（1987—2014 年），以"和谐管理"为"篇名"且"不含""作者""席酉民"进行检索，显示共有 636 篇论文，其中发表在"核心及以上级别"期刊的论文为151 篇（其中"CSSCI 及以上级别"期刊论文有 83 篇）。以"和谐管理"为"题名"检索中国优秀硕士学位论文全文数据库和中国博士学位论文全文数据库（学位授予年度均截至 2014 年），分别显示有 73 篇和 7 篇学位论文。在上述"CSSCI 及以上级别"期刊论文和博士学位论文中，运用和谐管理理论开展研究的代表性文献主要有：

（1）企业问题的研究。如：企业内部控制（夏宁，2013[61]）、提升业务与 IT 融合（戚桂杰、顾飞，2012[62]）、企业 TMT 战略执行过程（刘兵、焦双喜、杨振辉，2009[63]）、企业人力资源（李焕荣、刘得格，2007[64]）、企业持续创新实现模式（杨栩、周瑜，2011[65]）、企业创新主题（肖蘅、高庆昆，2013[66]）、企业文化管理与制度管理（欧绍华、刘志刚，2012[67]）、企业社会责任（杨成名，2010[68]）。

（2）学校、科研机构问题的研究。如：大学生教育与管理（杨经录、崔杰，2009[69]；李克勤，2011[70]）、高校质量管理（刘丹平，2008[71]）、高等院校（管理）（田野、彭金冶，2007[72]；朱浩，2007[73]；陈玉祥，2008[74]）、大学办学特色形成机制（李名梁，2011[75]）、农业科研人力资源宏观配置（白晓明、丛林、黄敬前，2013[76]）。

（3）政府、军队及其他组织问题的研究。如：政府投资项目（陈辉华、丰静、王孟钧，等，2009[77]）、产学研合作项目（孙婵，2010[78]）、公共部门人力资源（韩青，2009[79]）、公共部门冲突（王炜、李东，2008[80]）、军事工程（林茂光，2014[81]）、创新团队（许成磊、段万春、谢晖，等，2013[82]；谢晖、段万春、孙永河，2014[83]；许成磊、段万春、孙永河，等，2014[84]；许成磊，2014[85]）、工程项目（曾国平、付强，2008[86]）、项目部（岳鹏威，2010[87]）、水利科技创新与专利保护（杨晨，2002[88]）。

（4）社会管理领域问题的研究。如：环境成本（国凤兰、刘庆志，2014[89]）、农村环境（王春荣、杨艺，2010[90]）、养老保险体系（欧阳越秀，2010[91]）、人口（朱宝树，2008[92]）、信息安全风险管理（叶尔江、刘怀兴、张刚，等，2006[93]）、信息网络（孙奕菲、焦李成、公茂果，等，2013[94]）、社会主义和谐社会（刘树信、罗自刚，2006[95]）。

可见，其他学者主要使用和谐管理理论已有的理论框架和方法等开展应用研究也取得了一定的成果，并且对企业、学校、科研机构、政府、军队、社会管理领域等问题均有关注，这说明除了纯粹的自然系统以外，和谐管理理论的适用范围是比较广的。

1.2.2 "粮食财政直接补贴"目标的相关研究

1.2.2.1 国外研究

国外文献中关于粮食补贴目标的代表性文献有：

（1）发达、发展中国家的补贴通用目标。Clements，Hugounenq & Schwartz（1995）[96]指出，重新配置资源是补贴的主要目标，政府通过提供补贴，以达到弥补市场的不完善性、开发规模经济、满足多种社会目标等不同的政策目标。

（2）发达国家的补贴目标。Bruno，Azevedo & Massuquetti（2012）[97]认为，补贴在本质上是改善国家福利的有效途径；对于美国和欧盟来讲，补贴成为其农业部门主要的战略性经济工具。而 Jensen & Shin（2014）[98]则从政治杠杆的角度关注补贴的目标，他们以美国为例，指出由于选民对复杂政策利益和成本知之甚少，具有选举动机的政治家会制定具有激励性的政策以赢得公众对其政治目标的支持。

（3）发展中国家的补贴目标。Gale，Lohmar & Tuan（2005）[99]以中国为例，阐明补贴政策的一个最初目标是提高农户收入。Zhao，Zhang & Cao（2014）[100]则强调，中国补贴支持粮食生产来自对战胜贫穷与饥饿的期望。

（4）最不发达国家的补贴目标。Chibwana，Fisher & Shively（2012）[101]以非洲国家马拉维为例，认为其农业政策的目标包括提高粮食产量和增加作物多样化；其农业投入补贴计划（Farm Input Subsidy Program，FISP）用以实现粮食自给自足和增加收入的目标。

可见，国外文献中关于粮食补贴目标的定位或取向是比较宽泛的，主要有重新配置资源、弥补市场不完善性、开发规模经济、改善国家福利、作为战略性经济工具、当作政治杠杆、增加粮食产量、提高农民收入、增加作物多样化等。

1.2.2.2 国内研究

国内众多学者对粮食补贴的目标也进行了不少研究，代表性文献如表1-3所示。

表1-3 国内关于粮食补贴目标的代表性文献

分类	核心观点	文献来源
以粮食安全为最终目标	提高农民的种粮积极性，确保我国的粮食安全。	王姣，2005[102]
	更主要的目标还是保障国家粮食安全。	梁世夫，2005[103]
	满足消费者需求和保障国家粮食安全。	何忠伟、蒋和平、侯胜鹏，等，2005[104]
	粮食安全是政策的终极目标。	李伟毅，2006[105]
	应以保障国家粮食安全为要务。	孙开、高玉强，2010[106]
	针对我国粮食生产的外部性，确保国家粮食安全。	李利英、肖开红，2015[107]
偏向增产目标	大多数地方的政策目标首先是促进粮食产量的增长，其次才是增加粮农的收入。	赵德余、顾海英，2004[108]
	我国粮食补贴政策的目标是实现粮食增产，兼顾农民增收和农业增效。	王玉斌、陈慧萍、谭向勇，2006[109]
	我国粮食生产形势尚未到达以收入补贴为主的阶段，粮食补贴应定位于生产目标而非收入目标。	江喜林，2013[110]
	保障粮食产量的提高是我国当前粮食补贴的主要目标；未来粮食补贴目标应当是在保障国内口粮自给自足的基础上，利用国内与国际两个市场，通过粮食进出口调剂国内粮食余缺，实现粮食产量的动态平衡。	王锋、梁琦，2015[111]
偏向增收目标	以收入为主，兼顾促进农业生产。	柯炳生，2004[112]
	应该把提高种粮农民收入作为首要目标，稳定粮食产量是其衍生目标。	曹芳、李岳云，2005[113]
	主要目标是提高农民收入，而不是增加农产品产量。	王姣、肖海峰，2006[114]
	构建以农民增收为目标的粮食补贴政策体系。	占金刚，2012[115]
	应该进一步明确以增加农民收入为主要目标，才能从根本上调动农民种粮的积极性。	袁宁，2013[116]

分类	核心观点	文献来源
增产与增收目标并举	必须兼顾粮食生产和农民收入双重目标。	张照新、陈金强,2007[117]
	客观上要达到既增加农民收入又促进粮食增产的效果,两者相辅相成,不能割裂。	杨秀琴,2007[118]
	保障实现粮食增产和农民增收目标。	沈淑霞、佟大新,2008[119]
	实现增产增收双重目标。	王玉霞、葛继红,2009[120]
	保供给促增收。	程国强,2009[121]
	兼顾粮食生产和农民收入等多种政策目标的要求。	臧文如、傅新红、熊德平,2010[122]
	应使粮食增产和粮农增收二元目标的激励相容。	张继承,2011[123]
	以粮食增产为基础,农户增收为核心。	韩红梅,2013[124]
其他目标	稳定粮食市场。	许晖,2004[125]
	实现粮食补贴制度的创新。	陈薇,2006[126]
	粮食自给。	侯石安,2008[127]
	提升粮食生产能力。	侯石安,2008[127]
	应统筹兼顾食品安全、环境保护、农业竞争力、农业可持续发展、农业多功能等综合目标。	陈国强,2011[128]
	保证粮食消费者得到合理价格。	侯明利,2012[129]
	增加农户种粮意愿。	李韬,2014[130]
	应与时俱进将新型种粮主体的培育与发展支持纳入目标体系。	李立清、江维国,2015[131]
	维持粮价相对稳定。	李利英、肖开红,2015[107]

由表 1-3 得知,与国外文献相比,我国粮食补贴的目标相对集中在四个方面:"以粮食安全为最终目标""偏向增产目标""偏向增收目标"和"增产与增收目标并举"。这主要与我国粮食补贴出台的背景有关,2004 年以来中央针对粮食产量连续多年下降和农民增收困难的严峻形势,先后出台了包括"粮食财政直接补贴"在内的一系列政策措施。

1.2.3 "粮食财政直接补贴"效果的相关研究

1.2.3.1 国外研究

从国外文献来看,关于粮食补贴效果的代表性文献有如下几类:

（1）正向效果。Barker & Hayami（1976）[132]通过将一个供求关系模型应用于菲律宾水稻经济，比较投入品补贴与价格支持的作用，结果表明前者更有效。Bojnec & Latruffe（2013）[133]认为，农业政策工具对农业绩效有着不同的影响，这取决于绩效类别和农场级别（面积），决策者应选择适宜的方式对农场和农业进行扶持。他们以斯洛文尼亚为例，指出小型农场的存在对于保持农村生机兴旺起着至关重要的作用，小型农场的持效期与丰厚的补贴息息相关，斯洛文尼亚在加入欧盟之后，农场规模如果越小，补贴越多，那么配置效率越高，收益越大；反之，则技术和经济效率越高。扶持政策通过帮助小型农场维持良好收益来补偿其技术效率低的问题。Huang，Wang & Rozelle（2013）[134]对中国的调查研究结果表明，尽管各农场的农业补贴较低，但每公顷土地的补贴率较高。全部生产者基本上均可得到补贴，补贴大多发放给了土地承包者。大多数补贴均为非扭曲性补贴。并且，中国从对农民征税转而走上了补贴农民的道路，国家与农民之间的本质关系发生了改变。

（2）正向与负向效果兼具。Gorter & Fisher（1993）[135]分析了美国农业补贴的动态效应，指出农民获得的补贴取决于历史种植面积（也称为"基础面积"），补贴增加了包括玉米、棉花、稻谷和小麦在内的每一种农作物的产量，但寻租行为也造成了不少损失与浪费。Schmitz A，Schmitz T G & Rossi（2006）[136]讨论了发达国家的农业补贴对全球福利的影响。以美国为例，美国玉米的补贴额非常高，由于美国将玉米运往加拿大，使加拿大饲料粮的生产受到损害，但在玉米衍生产品方面为加拿大红肉市场带来益处。这个例子说明美国与欧盟农业补贴的复杂性、相互关联性还需要进一步分析，不仅在政策工具如何一致行动方面，还包括对后续贸易和福利的影响。Zheng，Lambert & Wang等（2013）[137]利用政策分析矩阵（PAM）模型，分析了何种程度的补贴会扭曲国内市场，以及是否对中国作物生产的相对优势和提高农民收入产生积极的影响。结果表明，对大豆和玉米生产的有效保护并没有显著提高其相对优势，而对小麦生产的有效保护增加了小麦产量的相对优势。

（3）负向效果。Koo & Kennedy（2006）[138]指出美国、欧盟、日本等发达国家提供的补贴措施一直是WTO贸易谈判之多哈回合谈判中具有争议的问题。其理论分析表明，国内支持和出口补贴皆扭曲了出口国到进口国的农产品贸易流量，但出口补贴产生的贸易扭曲更大。分析还表明，国内支持和出口补贴均导致了国家提供补贴净福利的损失。Paiva（2008）[139]通过引力模型对农业贸易进行了分析，数据的估算结果表明，保护主义和农业上的扭曲补贴仍在工业化国家盛行。工业化国家农产品补贴和其他农业活动上的激励因素使得其在国际商品市场上拥有不公平的竞争优势。然而即便是拉丁美洲和非洲国家这些通常被认为是工业化国家农业保护主义下的主要受害者，同样比预期进口更少的农产品，这表明上述国家也设置了重要农业的贸易壁垒。Alexander Nuetah，Zuo & Xian（2011）[140]指出，发展中国家和最不发达国家（包括西非）的生产者，抱怨工业化国家的农业扶持政策（包括粮食补贴）严重影响了全球农业商品的市场价格。这些价格扭曲对发展中国家和最不发达国家的生产者的经济福利产生了消极影响。Morten（2014）[141]从政治经济的角度出发，分析了印度、尼日利亚和马拉维的案例，得出某些发展中国家政策制定者偏爱农业干预的结论。尤其当政府补贴农业投入时，最终获得的数据受到政治压力的影响，不同的行政单位和报告机构使用不同的方法或者利用间接方法汇总，造成数据水平和趋势上的分歧及冲突。政策决策人根据政治利益行事，甚至试图依据农业生产数据证明其做法，该"反馈机制"确实在以一种扭曲的方式发挥作用。Zhao，Zhang & Cao（2014）[100]分析了中国农业补贴政策的意外结果。为农民提供补贴，使得其没有经济动力减少对自然资源的消耗，也没有理由充分利用这些资源来满足人类的需求，补贴反而增加了工业用途对粮食的消耗和转移。此外，补贴还引发了一些健康、环境与社会经济问题。

从上述文献可知，粮食补贴的效果历来是学者们关注与争论的焦点，效果有正向效果与负向效果之分，粮食补贴的效果也是如此。其中，粮食补贴的正向效果集中在：维护了农场的持效期与生机，改善了国家与农民之间的关系，提高了农作物的产量，粮食衍生品给其他行业带来了益处等。而负向效果主要包括：产生了寻租行为，扭曲了农产品贸易流量，造成了不公平的竞争氛围，影响了市场价格，加大了对自然资源的消耗等。

1.2.3.2　国内研究

国内文献对粮食补贴正负效果的研究，主要集中在是否增产和是否增收方面，如表1-4所示。

表1-4 国内关于粮食补贴增产与增收效果的代表性评价

是否增产	是否增收	增产、增收效果相关信息的提取与精炼	文献来源
既增产又增收			
√	√	促进粮食生产；农民收入提高。	柯炳生，2004[112]
√	√	水稻种植面积增加；稳定农民收入。	刘鹏凌、栾敬东，2004[142]
√	√	粮食产量增长；农民收入增加。	肖国安，2005[143]
√	√	粮食种植面积增加；农民收入增加。	陈波、王雅鹏，2006[144]
√	√	恢复粮食生产；促进农民增收。	张照新、陈金强，2007[117]
√	√	粮食快速增产；农民持续增收。	杨红旗，2011[145]
√	√	粮食产量提高；农民收入增加。	陈渭明、蒋书美，2014[146]
√	√	粮食连年增产；种粮农民收入提高。	李利英、肖开红，2015[107]
增产但不增收			
√	×	粮食产量增长；对农民净收益作用不大。	李鹏、谭向勇，2006[147]
√	×	稳定粮食生产；对增收贡献"杯水车薪"。	王锋、梁琦，2015[111]
不增产但增收			
×	√	对生产未起促进作用；农民收入提高。	黄季焜、王晓兵、智华勇，等，2011[148]
不增产不增收			
×	×	未有效增加供给；难达临界收入水平。	梁世夫，2005[103]
×	×	对产量影响不大；增收百分比差别不大。	王姣、肖海峰，2006[114]
×	×	种植面积普遍不变；粮食收入比重偏低。	刘小春、翁贞林、朱红根，2008[149]
×	×	刺激增产可续性不强；种粮收益下滑。	侯石安，2008[127]
×	×	效率低，只是恢复性增产；农民获利少。	王玉霞、葛继红，2009[120]
×	×	面积增加不明显；难以保障农民利益。	蒋和平、吴桢培，2009[150]
其他评价			
√	○	稳定粮食生产。	何忠伟、蒋和平、侯胜鹏，等，2005[104]
√	○	对粮食产量有正向影响。	陈慧萍、武拉平、王玉斌，2010[151]
√	○	补贴增加会带来粮食产量大幅度增加。	赵瑞芹、孟全省，2012[152]
√	○	对保证粮食数量安全起到了较大作用。	吕晨钟、许路遥，2012[153]
√	○	补贴对粮食增产效应十分显著。	龙方、卜蓓，2013[154]
√	○	补贴对粮食产量有显著的正向影响。	王欧、杨进，2014[155]
○	√	农民收入增加。	邓小华，2004[156]
○	√	增加土地所有者的收入。	钟甫宁、顾和军、纪月清，2008[157]
×	○	补贴对粮食数量安全的影响逐渐递减。	刘京焕、黄川，2010[158]
○	×	对提高农民的收入有限。	马文杰、冯中朝，2007[159]
○	×	增收效果不明显。	袁宁，2013[116]

注："√"代表"是"；"×"代表"否"；"○"代表"未评价"或"未明确评价"。

从表 1-4 可知，"既增产又增收""增产但不增收""不增产但增收"和"不增产不增收"等不同的评价效果均有出现，可见学者们对粮食补贴增产和增收效果的评价并不完全一致。除了增产与增收效果的评价外，学者们还分析了粮食补贴的其他一些效果，具有代表性的有如下研究：政治意义突出（柯炳生，2004[112]）；促进了粮食种植结构乃至农业产业结构的调整和优化（刘鹏凌、栾敬东，2004[142]；杨茂，2007[160]）；加快了国有粮食企业和粮食流通体制改革（刘鹏凌、栾敬东，2004[142]；温桂荣，2006[161]）；缓解和改善了干群关系（张冬平、赵翠萍，2005[162]；王彩明，2005[163]；杨茂，2007[160]；段云飞，2009[164]）；提高了农产品的国际竞争力（温桂荣，2006[161]）；加快了农业和农村经济的市场化进程（陈薇，2006[126]）；提高了农民和农业企业的市场观念和竞争意识（陈薇，2006[126]）；推进了农业与国际接轨（陈薇，2006[126]）；改善了生产条件，提高了生产效率（王欧、杨进，2014[155]）。

1.2.4　"粮食财政直接补贴"对农民种粮行为影响的相关研究

1.2.4.1　国外研究

就国外文献而言，Mishra & Goodwin（1997）[165]以美国堪萨斯（Kansas）地区为样本，发现在农场获得较多政府补贴的农民及其配偶不太可能参与非农就业；反之，减少农业收入补贴的政策变化可能会增加农民及其配偶的非农就业。Antóna & Mouëlb（2004）[166]指出，在以前的文献研究中，学者 Hennessy（1998）[167]提供了一个一般性的证明，即反周期补贴创造了激励机制；而他们则在农民厌恶风险期望效用最大化的前提下，对贷款差额补贴和反周期补贴计划下的补贴影响进行建模，结果表明不论是贷款差额补贴还是反周期补贴，都可以促使降低风险的激励机制产生。Sckokai & Moro（2006）[168]的研究也支持了 Hennessy（1998）[167]等文献关于农场补贴的保险效应和财富效应的结果，他们的估测表明，从价格支持到直接农场补贴的政策变化，农场面积规模及方向均会受到保险效应的强烈影响。财富效应的影响是积极的但影响较小，而保险效应有实质性的影响，因为它可令面积增加 7%。这说明补贴刺激了农民的积极性。而 Vercammen（2007）[169]指出，学者们近期的研究表明，对于具有规避风险倾向的农民，直接补贴会通过财富、风险规避和决策之间的联系增加其生产和投资；但其研究发现，即使没有规避风险，直接补贴也可以刺激农业投资。并强调直接补贴会降低破产风险，而这种风险的降低会使农民更为积极地投资。McIntosh，Shogren & Dohlman（2007）[170]则设计了一个实验，模拟人们如何在三种政策情景下做出农业生产决策，各情景都包含直接补贴。结果表明，尽管当前的生产决策与补贴脱钩，但反周期补贴计划和感知未来基础面积会扩大的可能性，刺激了农民在农作物生产中进行更多的投资。Huang，Wang & Zhi 等（2011）[171]对中国补贴计划的研究表明，补贴在农村是一件大事，在农村很受欢迎，因此认为补贴可能成为中国农业一段时期的特征。他们强调，迄今为止，中国没有违背其对 WTO 在补贴方面的承诺，补贴主要是一项收入转移计划，并没有对粮食播种面积或投入使用造成扭曲。Meng（2012）[172]也关注了中国的粮食补贴，认为中国的粮食补贴计划如果与生产相关，应该能使拥有更多农业人力资本的潜在迁移者留在农村；粮食补贴计划扩大了农民的粮食种植范围，对刺激农民增加粮食种植面积方面有着积极作用。

不过，也有国外文献的观点较为中性，比如，Chibwana，Fisher & Shively（2012）[101]研究了农业投入补贴计划对非洲国家马拉维中南部卡松古和马钦加地区农民的耕地分配决策的影响，发现参与农业投入补贴计划与种植粮食的土地数量正相关，并且农业投入补贴计划的实施使种植向更专业化方向发展；但是，补贴在刺激农民积极性的同时，也引起作物减少或简化、土壤肥力下降等消极影响。

可见，绝大多数国外文献肯定了粮食补贴在减少非农就业时间、扩大粮食种植面积、刺激农业投资等方面产生的积极影响。然而，也有文献指出粮食补贴虽然刺激了农民的种粮行为，但与此同时也给农作物品种的多样性及耕地的肥力等带来不利影响。

1.2.4.2 国内研究

就国内来讲，认为粮食补贴对农民种粮行为产生积极影响的代表性文献有：张冬平、赵翠萍（2005）[162]指出补贴提高了农民种粮积极性，与往年相比，粮食种植面积普遍扩大。吴连翠（2011）[173]认同上述观点，并进一步强调农民土地资源禀赋的丰富程度与增加粮食种植面积的动机正相关。她还研究发现，粮食补贴对农民增加物质资本投入具有显著的激励效应，即使把补贴直接用于生活消费，刺激农民增加物质投入的激励效应依然显著；提高粮食补贴水平，有助于农民增加农业劳动时间，减少非农劳动时间的投入；粮食种植比例和土地经营规模越大的农民，对补贴政策变化的反应越敏感；加大补贴金额并改革补贴方式，有利于进一步调动农民的种粮积极性。逯志刚（2012）[174]也认为，总体上看，农民欢迎和支持补贴，其种粮意愿得以稳定与提高。杨万江、孙奕航（2013）[175]的结论是每亩补贴标准的提高对农民种粮积极性有显著的正向作用，研究还显示种粮大户的积极性比种粮小户更高。

然而，也有国内学者指出，粮食补贴对农民种粮行为的影响并不明显。比如：对农民扩大种粮面积的意愿影响较弱（马彦丽、杨云，2005[176]）；对水稻种植的影响缺乏作用的基础（卢成、牟治阳，2006[177]）；对农民的生产行为没有特别的激励作用，大部分农户愿意维持现状（陈薇，2006[126]）；对提高农民种粮积极性收效甚微（马文杰、冯中朝，2007[159]）；对农户粮作经营行为的制度激励效应有限（张建杰，2007[178]）；不能有效调动农民的种粮积极性，农田种粮面积并没有因此而增加（蒋和平、吴桢培，2009[150]）；政策每年基本变化不大，对农户种粮激励作用有限（王锋、梁琦，2015[111]）。

同上述"第1.2.3节"粮食补贴的效果类似，国内学术界在粮食补贴对农民种粮行为影响这一问题上的观点也并不一致。认为粮食补贴刺激了农民积极性的相关文献，主要从农民扩大了粮食播种面积、加大了物质资本投入、增加了农业劳动时间等方面进行论述。但是，也有文献不认同上述观点，理由集中在粮食种植面积没有明显增加方面。

1.2.5 "粮食财政直接补贴"政策机制设计的相关研究

1.2.5.1 国外研究

国外具有代表性的文献有：

（1）对于发达、发展中国家的通用建议。Clements，Hugounenq & Schwartz（1995）[96]认为，在补贴改革的过程中，应注意增加补贴的透明度，提高成本效益，限定补贴的持续时间，强化成本控制，选择实际有效的补贴方法。Goodwin（2011）[179]对 *Agricultural subsidies in the WTO green box* 一书进行了评价，指出更紧控制下的预算、对可持续性发展更深入的关注及显著提高生物燃料补贴，都可成为打造未来"绿箱"政策的典型素材。

（2）针对发达国家的建议。Cong & Brady（2012）[180]以欧盟为例，讨论了如何设计一个有针对性的农业补贴制度，提出了纯贷款制度、收成税制度和收入有偿贷款制度，主要内容包括：当农业产量一定时，这三个制度是等同的；当产生农业风险时，这三个制度的差别在于如何补贴。在纯贷款制度中，农民以全额贷款加利息偿还；在收成税制度中，贷款成本的偿还取决于农民是否从农业生产中获利。农民亏损（或未达到最低收入门槛）则不需要偿还其贷款，而"成功"的农民需要偿还贷款并加上额外的金额以支付"未成功"农民的费用。在收入有偿贷款制度中，仍然需要一些一般税收以补贴"不太成功"的农民。

（3）对于发展中国家的建议。Zheng，Lambert & Wang 等（2013）[137]以中国为例，指出政府不能只全力保护农产品而盲目提高价格，应将农产品价格的上升速度控制在农民和城镇居民互利的范围内，此类计划可随国际市场价格进行理想波动。

（4）针对最不发达国家的建议。Alexander Nuetah，Zuo & Xian（2011）[140]主张，西非政府应专注于发展技术基础设施并提高粮食自给能力，通过区域一体化促进非洲内部贸易的途径，减少对美国和欧盟等进口粮食的过度依赖。应利用中非合作关系来发掘更多机会，如对在中国有所发展的适应性强的农业技术进行产业转移。Chibwana，Fisher & Shively（2012）[101]以马拉维为例，提出如下建议：若农业投入的补贴仅鼓励农民种植少数作物，而大众认为对其不利，则国家还需要重新制定政策以避免产生不良影响。如以改良玉米品种为主，向更为简化的种植制度发展，可能会导致农户特别容易受到气候变化的影响；Chibwana，Fisher & Shively（2012）[101]认同 Adger，Huq & Brown 等（2003）[181]关于"作物多样化可以帮助农民更好地面对这些灾害，因为不同作物所受气候影响不同"的观点，指出应该为农民提供教育培训服务，对作物种植进行引导，并采用互补政策，既实现农业投入补贴计划的目标，也规避其不足之处。Morten（2014）[141]建议，对于尼日利亚和马拉维，政策制定要考虑到定性的方法，人类学家不仅需要研究农业政策如何影响农业生产者，也要分析不同的采集方法如何影响不同类型的采集数据。采集并聚集可靠数据的相关问题确切存在具有一定的挑战性，但这并不意味着我们可以回避问题。"数据"本身就是农业政策的产物，我们的研究需要采用"混合"方法以应对这一挑战。在设计农业投入补贴制度时，必须密切关注其对统计制度的影响，否则现实和数据可能会很快脱离。

从上述综述可知，国外文献对粮食补贴政策的改革建议主要包括如下内容：增加补贴的透明度，加强补贴的成本控制，限定补贴的持续时间，选择有针对性、贴近现实的补贴方法，扩大国与国之间的合作关系，强化对农民的教育与培训，创新补贴相关数据的统计方法等。

1.2.5.2　国内研究

针对我国的"粮食财政直接补贴"政策，国内学者提出了多种有价值的设计方案。王来保（2004）[182]建议，需要建立经常性补贴和应急性补贴两种机制，前者以保护粮田、稳定粮食生产、保障粮农收益为主，后者在市场价格超过最高限价或低于最低保护价等特殊情况时实施。梁世夫（2005）[103]主张，在扩大给予补贴的粮食种类的同时，补贴需向主要粮食或具有比较优势的粮食种类倾斜；应划分好粮食补贴的对象和范围，并根据粮食种类的不同进行区别补贴，以促进农业的可持续发展和农业经济结构的转型；应设立粮食安全受益主体承担补贴成本的原则；要根据粮食安全贡献程度的大小分配补贴金额；最低限度的补贴水平要达到农业资源在粮食与非粮食生产竞争性用途上的收益临界水平；可借鉴发达国家的"农民收入平价"原则，提高补贴水平，把种粮收入提高到社会平均收入的水平。温桂荣（2006）[161]认为，应对补贴对象进行有效甄别，使补贴倾向于种粮大户。陈薇（2006）[126]提出，需加大对粮食主产区粮食补贴的转移支付力度；补贴应向提供商品粮的种粮农民倾斜。杨秀琴（2007）[118]指出，要扩大补贴资金的来源，减轻地方政府的财政压力；把粮食补贴与农业产业结构调整结合起来，提高农产品的市场竞争力；制定补贴的标准并进行科学发放，以降低其实施成本。韩俊（2008）[183]主张，应合理调控粮食市场，防止国内粮价与国外差距过大；在补贴资金的分配上，向中西部粮食主产区倾斜。段云飞（2009）[164]建议，可制定出台《粮食补贴条例》，使粮食补贴政策制度化、法律化，让粮农吃上"定心丸"；把补贴依据从种粮面积改为售粮数量，在调动农民种粮积极性的同时，有效控制粮价。苗虎伟（2010）[184]提出，要借鉴发达国家的做法，补贴政策机制设计时注意将财政政策与货币政策配合协调，以刺激农民的种粮积极性。杨建利、岳振华（2011）[185]提出，要把粮食补贴力度、农民满意程度、政府承受能力三者有机结合，尊重农民意愿、自然规律、经济规律和市场规律，使补贴最低标准达到对粮食安全影响程度的临界点。韩红梅（2013）[124]认为，要尽快改变补贴方式，以人头为标准的计算方式替代以地头或者产量的计算方式，进一步提高补贴标准，直接增加种粮农民收入。建议在不同的区域内，补贴的标准和方式应不同，对于经济相对发达区域，应鼓励其产业化与绿色化经营，采用产品认证等方式来实现补贴；经济欠发达区域则要进一步加大补贴力度，改变补贴方式，促使补贴高效运行。李利英、肖开红（2015）[107]建议，改革粮食最低收购价政策，采用粮食目标价格制度，在粮价形成过程中充分发挥市场的决定性作用；改革粮食补贴方式并提高补贴力度，以保护农民积极性，均衡城乡收入；对粮食储备体系中的价格调节职能进行剥离，科学、合理地核定粮食储备规模，发挥政府储备体系对保障口粮安全的直接作用。

可见，国内文献对粮食补贴政策机制设计的意见与建议主要有：建立粮食安全受益主体承担补贴成本的原则，将粮食补贴与农业产业结构调整相结合，将财政政策与货币政策配合协调，设立经常性、应急性两种粮食补贴机制，粮食补贴向粮食主产区、种粮大户、主要粮食和具有比较优势的粮食种类倾斜，鼓励经济发达地区通过产品认证等方式来实现补贴，提高粮食补贴力度，种粮收入应提高到社会平均收入水平，使粮食补贴政策制度化与法律化等。

1.2.6　研究评析

综观已有研究文献可以发现，粮食补贴作为社会关切的焦点和研究者关注的热点，前人已经基于不同的视角、运用不同的方法开展了不少研究，并取得了一定的成果。总体而言，国外文献的研究视野较宽，研究对象较广，既研究发达国家，也重视发展中国家，对最不发达国家也有关注；对补贴的理论研究相对比较成熟，实证研究也在不断发展，成果较为丰硕。国内学者借鉴国外的理论研究成果，注重结合我国实际，从应用层面关注我国粮食补贴的效果等相关内容，也取得了较为丰富的成果，对实践活动具有一定的指导作用。但国内外研究文献仍存在一些不足之处，现评析如下：

（1）现有文献侧重静态研究，关注粮食补贴的环境变化、相关利益主体行为随时间变化等的动态研究不多

不管是粮食补贴的目标，还是粮食补贴政策对农民种粮行为的影响等，国内外文献主要侧重静态视角，从动态角度研究的较少。

对于粮食补贴的目标，国外文献对粮食补贴目标的取向较为宽泛，这虽然有利于开拓研究者的视野，但不便于其抓住重点和要害，尤其是定位某一时期内补贴的核心目标。而国内文献对粮食补贴目标的定位相对聚焦，但也经常忽略了目标非一成不变、需随环境变化而适时改变的事实。

就粮食补贴对农民种粮行为的影响而言，持正向观点的部分国内外文献肯定了粮食补贴在增加农业劳动时间、减少非农就业时间的积极影响。不过，这些文献极少将补贴的相关利益主体（如农民、政府）作为随时间变化的群体，忽视了相关利益主体行为演化的动态过程。

事实上，在当前世界经济的复苏力度低于预期、经济前景充满诸多不确定性，以及我国经济进入"新常态"、城镇化进程快速推进、粮食生产成本越来越高等复杂背景下，补贴目标怎样快速并有效地应对补贴内外部环境的变化及关注相关利益主体行为随时间变化的演化过程，对于补贴政策的动态调整等显得尤为重要。

（2）已有文献中从农民与政策两方面切入，同时从这两个复杂问题开展粮食补贴综合研究的极少

从粮食补贴效果的相关研究来看，一方面，国外文献较为丰富且存在不同的观点，正向效果、负向效果、正向与负向效果兼具等均有涉及；国内文献同样对补贴的效果存在争论，只不过主要集中在粮食增产和农民增收问题上，出现了既增产又增收、增产但不增收、不增产但增收、不增产不增收等不同的结论。究其原因，主要是研究方法、调研样本选取的不同及在政策如何影响行为等关键问题认识上存在差异。

另一方面，与国内文献相比，国外文献还经常建立数学模型对粮食补贴的效果进行分析，定量研究比定性分析多。然而，国外的数学模型是否适合中国值得商榷，因为中国城乡二元经济结构、新型工业化与城镇化进程等现实表明了我国具有自身特色，上述模型至少要融入特殊设定才可能更为贴切。特别地，国内外文献中，从农民与政策两方面切入、同时从这两个复杂问题开展研究的极少，这影响了对粮食补贴效果的综合分析与评价。

就粮食补贴的政策机制设计而言，国内外文献均提出了一些有价值的改革建议，但是，对于不确定背景下如何拨开重重迷雾，从"人的复杂性"（比如农民的复杂性）和"物的复杂性"（比如政策的复杂性）两方面着手怎样进行补贴等，在现有研究领域中尚没有得到很好的回答。

（3）现有文献中未发现针对粮食补贴领域的和谐管理应用研究，鉴于粮食补贴是一个有人参与的复杂性管理问题，从"人的复杂性"与"物的复杂性"两方面着手，在复杂快变环境下动态调整补贴政策，运用和谐管理理论解决粮食补贴管理问题更具有优越性

在运用和谐管理理论开展的应用研究中，虽然有一些关于社会管理

领域的文献，但鲜见针对农业领域的研究，而与粮食补贴方面有关的研究则未见报道。

事实上，和谐管理理论不仅可以运用在一般的组织中，而且对社会管理问题也有重要启示。面对复杂快变的外部环境和组织内外部的不确定性，传统管理理论的线性思维处理方式不再得心应手，和谐管理理论突破传统管理理论的局限性适时提了出来[4]。

和谐管理理论认为[4]：社会系统的复杂性其实主要是由"人的复杂性"与"物的复杂性"这两个方面构成的，在变动的环境中解决复杂性问题，应该围绕"和谐主题"的分辨从"和则"与"谐则"视角去应对。和谐管理理论应用于上述背景下的粮食补贴管理的优越性主要体现在：从机理层面看，和谐管理理论有一套完善的思路、工具、技术来应对来自人的复杂性和物的复杂性（本书主要指农民的复杂性和政策的复杂性），能够将目前对粮食补贴的研究成果进行整合。

更为重要的是，应对人的复杂性是其与传统管理理论完全不同之处[4]：传统管理理论忽视人的能动性，思维方式总是线性或确定的；而和谐管理理论关注人文需求，强调从调动人的能动性出发进而使其自主地应对复杂性，而不是用控制的方式应对复杂性。此外，和谐管理理论充分展现了灵活性的特征，认为要采用"和则""谐则"及两者的不同结合方式解决不同的问题。并且，和谐管理理论还强调[4]：组织为了更好地适应环境、组织自身和领导等的变化，原有的"和谐主题"会发生"漂移"。对于粮食补贴来说，这实际上属于政策重心的动态调整范畴。

因此，鉴于粮食补贴是一个有人参与的复杂性管理问题，从"人的复杂性"与"物的复杂性"两方面着手，在复杂快变的环境下动态调整补贴政策，运用和谐管理理论解决"粮食财政直接补贴"管理问题不但可行，而且优越性明显。

1.3 研究思路、内容与方法

1.3.1 研究的总体思路

本书以和谐管理理论为基础，综合运用内容分析、计量模型分析、演化博弈分析、非线性动力学分析等方法，围绕粮食财政直接补贴"和谐主题"这一核心内容，沿着发现问题、分析问题、解决问题与指明方向的总体思路，对"粮食财政直接补贴"管理问题进行系统研究，如图 1-1 所示。

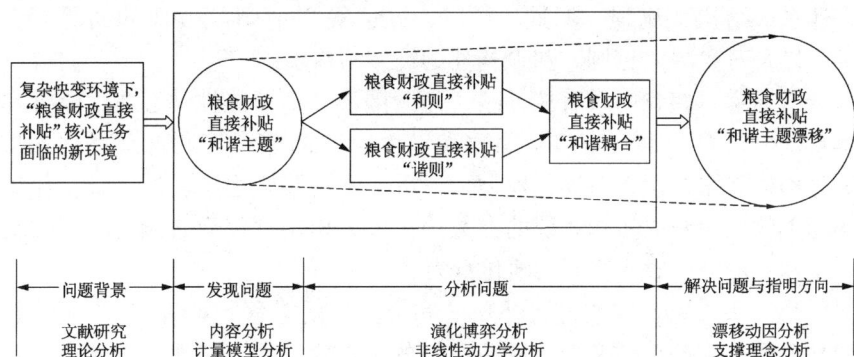

图 1-1　本书的总体思路

1.3.2　研究的主要内容

本书的主要内容共分为 8 章：

第 1 章"绪论"。本章主要介绍本书的研究背景、理论意义与实践价值，对国内外研究现状进行综述与评析，阐述本书的总体思路、主要研究内容、使用的研究方法和主要创新点。

第 2 章"概念界定与理论基础"。本章界定"和谐管理"（如和谐主题、和则、谐则、和谐耦合、和谐主题的漂移等）"粮食财政直接补贴""WTO 农业补贴政策"等相关概念，阐述"和谐管理理论""农业基础地位理论""弱质产业扶持理论""城乡反差协调理论""农业多功能性理论"等理论基础，为后续章节开展实证研究做好理论铺垫。

第 3 章"粮食财政直接补贴'和谐主题'的辨识与判定"。本章从三种粮食年鉴"大事记"中甄选与归纳 2004—2012 年粮食财政直接补贴体系中的主要活动，辨识"实际实施的和谐主题"，并与 EOL（环境、组织和领导）模型判定出的"理应执行的和谐主题"进行对比；检验"实际实施的和谐主题"与 EOL 的一致性程度，通过回归分析等方法进行增产与增收绩效评价，指出"实际实施的和谐主题"的不足。

第 4 章"粮食财政直接补贴'和则'的演化博弈分析"。本章从刺激农民种粮积极性的视角，以农民务农时间和政府补贴相互作用的关系为出发点，构建粮食财政直接补贴"和则"的演化博弈模型，分析不同情景下的数值实验结果，关注"和则"在"增收"方面的改进与完善。

第 5 章 "粮食财政直接补贴'谐则'的国际经验及其借鉴"。本章通过研究主要发达国家粮食补贴政策的演变及改革历程，分析并汲取其在体系、结构、流程、配置、规定、方法等"谐则"方面的经验与教训，以及对我国"谐则"机制构建的镜鉴与启示。

第 6 章 "粮食财政直接补贴'和谐耦合'的非线性动态演化分析"。本章从分析粮食财政直接补贴"和谐耦合"的非线性和复杂性现象出发，构建其非线性动态演化模型，分析得到混沌吸引子；结合统计年鉴的相关数据，获取实际系统的参数；实证分析粮食财政直接补贴、粮食产量和农民种粮收入之间的演化行为。

第 7 章 "粮食财政直接补贴'和谐主题的漂移'研究"。本章分析粮食财政直接补贴"和谐主题漂移"的主客观动因，指明粮食财政直接补贴"和谐主题"的漂移方向，并从创新理念视角阐明"漂移"的支撑条件。

第 8 章 "研究结论、政策建议与展望"。本章归纳与总结本书的主要结论、重要观点与相应的政策建议，阐述尚存在的不足之处，指出后续研究方向。

1.3.3 研究的主要方法

本书的主要研究方法有四种：内容分析法、计量模型分析法、演化博弈和非线性动力学方法。

1.3.3.1 内容分析法

本书对《中国粮食市场发展报告》（2005—2013）、《中国粮食发展报告》（2005—2013）、《中国粮食年鉴》（2006—2013）这三种粮食年鉴的大事记及其扩充资料进行了内容分析，通过编码、文本处理、语义划分和关键词提取，经过讨论、分析和总结，最终辨识出 2004—2012 年粮食财政直接补贴体系的 4 个主要任务与 35 个主要活动。另外，在分析 2013 年至今的 L（领导）新变化的主观动因时，也进行了内容分析。

1.3.3.2 计量模型分析法

在对 2004—2012 年"粮食财政直接补贴"的绩效进行分析时，本书分别以"粮食总产量"和"人均农业收入"为研究对象，依据对"粮食财政直接补贴"的产量效应和收入效应的关键影响因素辨识，分别选择相关数据进行了回归分析。在粮食财政直接补贴"和谐耦合"动态模型的分析中，鉴于参数的选取有重要意义，本书根据统计年鉴获得相关数据，运用非线性最小二乘回归法对参数进行拟合，得到了实际系统中的参数。

1.3.3.3 演化博弈方法

在对粮食财政直接补贴"和则"的分析中，本书对农民和政府两个群体及其种粮时间投入策略、补贴投入策略等进行了相关假定，构建了二者之间行为交往的支付矩阵，研究了系统演化趋势，对选择某种策略的初始人群比例变化、种粮资金投入变化、粮食市场价格变化等不同情景下的数值实验结果进行了分析，得到了相关启示。

1.3.3.4 非线性动力学方法

本书引入了政府补贴、粮食产量、农民种粮收入的一个非线性动力演化模型，在对系统的混沌现象进行分析时，得到了政府补贴约束下的产量收入吸引子。依据统计年鉴对系统参数进行辨识，计算得出实际系统中的参数和初值。本书讨论了参数和初始值变化对政府补贴、粮食产量、农民种粮收入的影响，得出了符合实际的结论及有意义的启示。

1.4 主要创新点

本书的创新之处体现为以下三点：

（1）将和谐管理理论从企业等组织的适用范围进一步扩展到"粮食财政直接补贴"等社会管理领域

传统管理理论的线性思维处理方式应对企业等组织环境的不确定性具有局限性，而和谐管理理论能够有效解决这一问题；"粮食财政直接补贴"正面对日益复杂和不确定的环境变化，本书对"粮食财政直接补贴"的分析进一步验证了和谐管理理论应对社会管理领域相关问题同样具有优越性。从整体看，本书遵循和谐管理案例研究的流程方法，对粮食财政直接补贴"和谐主题"的辨识、判定与漂移这一研究主线进行了较规范、较完整和较系统的研究，将和谐管理理论从企业等组织的适用范围进一步扩展到"粮食财政直接补贴"等社会管理领域，充实了和谐管理理论的案例库。从细节看，提供了可以从"大事记"辨识社会管理领域相关问题的"实际实施的和谐主题"的新思路，引申创新了"理应执行的和谐主题"这一名词，赋予了"和谐主题漂移"更为丰富的内涵，并且还使用内容分析法、计量模型分析法、演化博弈和非线性动力学方法等研究方法，对"和则""谐则""和谐耦合"等和谐管理理论的具体研究要素进行了深入分析，这进一步丰富了和谐管理理论用于实践的技术和方法。

（2）扩展了粮食补贴研究应对复杂快变环境方面的理论体系

现有对粮食补贴的研究，均没有使用相关理论定量讨论复杂快变环境下的粮食补贴的核心任务，仅就补贴而论补贴。本书从系统的角度关注"粮食财政直接补贴"整体的和谐性，研究粮食财政直接补贴"和谐主题"的辨识、判定与漂移等问题，突破了以往研究的静态视角，强调要根据补贴内外部环境的变化，对补贴政策做出动态调整，增强了补贴政策的有效性、动态性和连续性，扩展了现有的粮食补贴研究的理论体系。

（3）基于和谐管理理论指明了"粮食财政直接补贴"的漂移方向

在我国经济进入"新常态"、城镇化进程快速推进、粮食生产成本越来越高等复杂快变环境下，本书提出如下建议：要从政策历史沿革、国内外环境等因素综合考虑好"粮食财政直接补贴"的顶层设计；适度加大"粮食财政直接补贴"的力度；摒弃一味追求"增产"的思维模式（粮食增产≠粮食安全），重视"稳产"；应建立并完善与"增收"相关的以"绿箱"为主体的补贴体系；应将"农民增收"同"粮食安全"一样也上升为国家战略；在和谐管理理论视角下将"增收为首要，稳产为主要"作为"粮食财政直接补贴"下一阶段的漂移方向（发展方向）。

1.5 本章小结

本章从"粮食财政直接补贴"所面对的日益复杂和不确定的环境变化出发，指出运用和谐管理理论对其进行优化和升级的必要性与重要性，介绍了国内外对"粮食财政直接补贴"的研究现状，并且阐述了研究思路、研究内容、研究方法、创新点等内容。

2

2.1 相关概念的界定

2.1.1 "和谐管理"的相关概念

和谐管理理论建立了包括"和谐主题""和则""谐则""和谐耦合""和谐主题的漂移"等在内的富有特色的概念体系。

2.1.1.1 和谐主题

和谐管理理论所提出的"和谐主题"[4]，作为复杂快变环境下组织进行整体性快速应变的一种有效工具[19]，是组织在一定时期内最为迫切需要完成的核心任务，亦即工作重心或中心工作议题，其具有全局性、相对稳定性、情境依赖性、主观认知性、多样性[4]等基本性质。

和谐管理理论指出[5]：组织在其演化的每个不同的阶段，均有其生存的特有环境并受环境的深刻影响，并都有其内在特征彰显组织特色，领导面对一定的环境和组织现实对各种错综复杂的情况进行分析与研判，从而判定出组织在某一阶段最为迫切需要完成的核心任务（即"和谐主题"），因此环境 E（Environment）、组织 O（Organization）和领导 L（Leadership）是"和谐主题"分析模式中不可或缺的三要素，这三个要素的组合称为 EOL 模型。

2.1.1.2 和则

"和则"[4-5]是和谐管理理论解决管理问题的两个基本方面之一（另一面是"谐则"）。和谐管理理论指出[4]：社会系统的复杂性其实主要是由"人的复杂性"与"物的复杂性"这两个方面构成的，认为应对复杂性问题可从"和则"与"谐则"视角进行。"和则"是实现环境诱导下行为主体自主演化的基本原则，是对人的行为及人际关系进行协调与控制的管理机制[5]。

和谐管理理论强调[36]：管理问题总是在以人和物为基本构成要素的系统（组织）中发生的，要处理好其中人与物及其相互之间的互动问题，人发挥着主导作用。人的智能性是人的要素相对于物的要素最重要的特性，组织应对不确定环境与复杂问题的最终解决要依靠人的智能性。"和则"所要解决的核心问题在于依据行为主体的智能性这一特性，在组织中营造一种氛围并搭建行为主体能够发挥作用的平台，影响行为主体的行为使之与组织所期望的行为相一致或趋同，最终使组织能够自主地根据环境的变化来适应和调节[36]。

2.1.1.3 谐则

"谐则"[4-5]是和谐管理理论解决管理问题的两个基本方面的另一面。和谐管理理论指出[4-5]："谐则"是指导理性设计的基本原则。"谐则"研究针对系统内的各种理性设计方案，既包括在工艺流程方面的各种统筹规划，也包括在管理制度方面的各种计划安排。其基本目标是通过对要素的物化、量化和规范化，经过理性的设计形成系统内精确（或者说比较精确）的"控制机制"[5]。

和谐管理理论认为[4]：组织是一个有人参与的复杂的开放系统，其外部环境日益复杂多变，而人的行为又具有较大的随机性，因此难以设计和控制组织的运行过程。尽管如此，面对环境和人的诸多不确定性，人们对组织问题与任务等并没有无所适从，而是在理性的范围内，尽可能地对组织的运行过程进行细分和解构，抓住其中的主要环节和关键因素，并遵循科学的方法进行规划、建构、设计[4]和优化，提供组织问题与任务的解决方案，促使组织和谐运行，这正是"谐则"机制所关注的内容。

2.1.1.4 和谐耦合

"和谐耦合"[4-5]是在"和谐主题"下对"和则""谐则"关系的调节，是"和则"与"谐则"围绕"和谐主题"在组织不同层级间相互作用的适应和演化的过程，而组织的管理体系也正是自主演化和人为干预（设计）在一定条件下相互耦合的结果。

和谐管理理论指出[4-5]：和谐管理理论遵循双规则（"环境诱导下的自主演化"和"理性设计与优化"，也可称为"和则"与"谐则"），是和谐管理理论与传统管理理论的本质区别之一，即用减少和利用不确定性的思路解决主观情感的一面，用优化设计的思路解决客观科学的一面，并设法使二者有机地结合与互动，实现整体的一致性和更高的绩效。围绕"和谐主题"的"和则""谐则"的运用及其"耦合",不仅体现了管理活动中"诱导演化"和"理性设计"的特性[5],而且也提供了解决管理难题的"钥匙"。

2.1.1.5 和谐主题的漂移

"和谐主题漂移"[4-5, 23]是指组织为了更好地适应环境、组织、领导等的变化,从"原和谐主题"(也可认为是"上一阶段的和谐主题")转变为"新和谐主题"(也可看作是"下一阶段的和谐主题")的过程。特别地,按照"新和谐主题"能否被清晰表述、被有效把握、被有意识实现等,"和谐主题漂移"的过程可分为体现管理演化特性的"隐性漂移"和呈现管理中人的能动作用的"显性漂移"。

和谐管理理论指出[4]:"漂移"一词也可理解为替代、更迭、转换、变迁等。"隐性漂移"主要映现了和谐主题的"渐变";而"显性漂移"则更多地涌现出和谐主题的"突变",其"革命性"变化特征更加明显。突变并不容易驾驭,突变甚至可能引起"和谐主题漂移"过程的失衡、失控或崩溃,因此领导(L)的掌控等本领发挥着至关重要和不可替代的作用。

2.1.2 "粮食财政直接补贴"的相关概念

"粮食财政直接补贴"[186]中的"直接"一词,是与以前概念中的"间接"一词相对的。过去,我国通过向流通环节发放补贴、支持国有粮食企业以保护价敞开收购农民余粮,即间接向种粮农民予以补贴。后来改为国家财政直接补贴给农民。

"粮食财政直接补贴"包括粮食直接补贴、良种补贴、农机具购置补贴和农资综合补贴四种。这四项补贴直接发放到种粮农民手中,而非通过其他载体或途径间接补贴农民。

2.1.2.1 粮食直接补贴

粮食直接补贴简称粮食直补,是为稳定和发展粮食生产、保护粮食综合生产能力、保护种粮农民利益和调动农民种粮积极性[187],国家财政按一定的补贴标准和粮食实际种植面积,对种粮农民直接给予的补贴,是对其利益的直接保护。

原有的按保护价敞开收购及财政补贴国有粮食企业方式暴露出补贴环节多、成本高、效率低、种粮农民直接得益少等诸多问题,为有效解决上述问题,2002 年我国选择安徽省滁州市的天长市、来安县,吉林省的东丰县共三个县（市）进行了粮食直接补贴的试点，全国粮食补贴方式改革的序幕由此拉开。我国的粮食直接补贴方式主要包括按照计税面积、计税常年产量、粮食种植面积、农民交售的商品粮量进行补贴等，各省根据自身实际确定上述方式。2004 年全国有 29 个省实施了粮食直接补贴，补贴金额达 116 亿元。2006 年粮食直接补贴的发放程序开始转变，由原先的"各县（市、区）财政局→乡财政所→集中发放点→农户"，转变为"一卡通"，即"财政→银行→农户"的绿色通道，大大提高了发放效率和精准度。

2.1.2.2 良种补贴

良种补贴，又称良种推广补贴，是中央财政为扶持农民生产选用优良品种及配套栽培技术、降低农民用种成本、增加农民收入而提供的资金补贴[188]，其根本着眼点在于调动农民种粮积极性，提升粮食生产科技水平[189]。

从 2002 年开始，中央财政开始设立专项资金，组织实施良种补贴项目。2002 年，国家对黑龙江、辽宁、吉林、内蒙古 4 省（区）78 个县（市、农场）332 个乡（镇）4513 个村 53 万户的 1000 万亩高油大豆每亩补贴 10 元，共计补贴 1 亿元[190]。2003 年，小麦也被列入良种补贴范围。2004 年，良种补贴种类进一步扩大到大豆、小麦、水稻、玉米四大粮食作物。2008 年，良种补贴突破百亿元[188]（达 123.4 亿元）。良种补贴采取现金直接补贴或差价供种补贴的方式，遵循农民自愿购种和属地管理原则。

2.1.2.3 农机具购置补贴

农机具购置补贴，又称农机购置补贴、农业机械购置补贴，是指国家对农民个人、农场职工、农机专业户和直接从事农业生产的农机作业服务组织购置和更新大型农机具给予的部分补贴[191]，主要是鼓励和支持农民使用先进适用的农业机械，加快推进农业机械化进程[188]。

1998—2003 年，针对全国大型拖拉机日渐老化、保有量不断缩减的状况，国家先后在黑龙江、吉林、辽宁、山东、河南、内蒙古、新疆、陕西、湖北、湖南、重庆、四川、江苏等 13 个省（市、区）实施了大中型拖拉机及配套农具更新补助和结构调整补助项目，每年安排 2000 万元[192]，这为 2004 年农机具购置补贴政策的出台和实施打下了较好的基础。2004 年中央"一号文件"提出要"提高农业机械化水平，对农民个人、农场职工、农机专业户和直接从事农业生产的农机服务组织购置和更新大型农机具给予一定补贴"，将农机具购置补贴上升为中央重大支农惠农政策。同年《中华人民共和国农业机械化促进法》通过并施行，2005 年《农业机械购置补贴专项资金使用管理暂行办法》印发，明确了补贴的对象、标准和种类，以及补贴资金的申报、下达与发放程序等内容。

2.1.2.4　农资综合补贴

农资综合补贴，又称农资综合直补，简称综合直补，是指统筹考虑化肥、柴油等农业生产资料价格变动对农民种粮的增支影响[193]，由政府对种粮农民给予的补贴，保证农民种粮收益的相对稳定，促进国家粮食安全。

2006 年，在原有的粮食直接补贴等的基础上，国家对种粮农民又新增了一项直补政策——农资综合补贴，以弥补化肥、柴油等农资预计全年价格变动对农民种粮的可能增支影响。2009 年《关于进一步完善农资综合补贴动态调整机制的实施意见》印发，明确了进一步完善农资综合补贴动态调整机制的总体目标，即根据化肥、柴油等主要农资的价格上涨情况，在综合考虑当年粮价变动促农增收的基础上，中央财政合理安排农资综合补贴资金，实行动态调整，弥补农民种粮的农资增支，保护农民利益，调动农民种粮积极性。2009 年农资综合补贴达 795 亿元，约为 2006 年的 6 倍，超过 2009 年粮食财政直接补贴暨四项补贴合计比重的 60%。

2.1.3　"WTO 农业补贴政策"的相关概念

一国政府对国内行业或企业给予补贴，是世界上颇为普遍的现象。然而，世界各国大多是根据本国的意愿和利益考虑来界定什么是补贴，因此争议很多，直到 1994 年乌拉圭回合多边贸易谈判达成《补贴与反补贴措施协议》（也称为《补贴与反补贴措施协定》），才对补贴做了统一的界定：补贴是由一国政府或任何公共机构提供的，使接受者获得利益的财政资助。鉴于农产品贸易在多边贸易体制中的特殊性与重要性，WTO①《农业协议》②（也称为《农业协定》）对农业补贴做了特殊的规定并优先适用[194]。此外，WTO 还通过《补贴与反补贴措施协议》来规

---

①　WTO（世界贸易组织）和 OECD（经济合作与发展组织）等国际性组织对农业补贴政策均有相关规定，我国是 WTO 成员方但不是 OECD 成员方，因此本书着重在 WTO 农业补贴政策的框架下分析我国的"粮食财政直接补贴"政策。

②　乌拉圭回合农业谈判始于 1987 年 2 月，1993 年 12 月最终达成《农业协议》，宣告了乌拉圭回合农业谈判的结束和 WTO 有关农业补贴规则的诞生。

范成员国实施补贴与反补贴措施的行为。

2.1.3.1 WTO《农业协议》

《农业协议》是WTO管辖的一项多边贸易协议，由序言、13个部分共21个条款、5个附件组成，其中的条款包括[195]：① 术语定义；② 产品范围；③ 减让和承诺的并入；④ 市场准入；⑤ 特殊保障条款；⑥ 国内支持承诺；⑦ 国内支持的一般纪律；⑧ 出口竞争承诺；⑨ 出口补贴承诺；⑩ 规避出口补贴承诺的防止；⑪ 加工产品；⑫ 出口禁止和限制的纪律；⑬ 适当的克制；⑭ 动植物卫生检疫措施；⑮ 特殊和差别待遇；⑯ 最不发达国家和粮食净进口国家；⑰ 农业委员会；⑱ 对承诺执行情况的审议；⑲ 磋商和争端解决；⑳ 改革进程的继续；㉑ 最后条款。

《农业协议》的基本目标与原则是[196]：① 建立一个公正的、以市场导向为目标的农产品贸易体系，并顾及应当通过在国内支持和保护方面的承诺谈判来建立起强有力的、在操作上更为有效的规则来推动农业贸易体系改革工作；② 农产品贸易体系改革的长期目标是从根本上逐步实现减少现存的农业补贴额和保护，最终纠正和防止世界农产品市场中存在的种种限制和扭曲现象；③ 在实施市场准入承诺时，发达国家成员应考虑到发展中国家成员的特殊需要和条件，特别是对发展中国家具有特殊利益的农产品的准入条件和机会（如热带农产品等）；④ 在承诺中考虑到非贸易关注问题（包括粮食安全和环保需要、给予发展中国家的特殊待遇和差别待遇），并考虑对最不发达的粮食净进口国实行改革计划可能产生的负面效应。

在具体处理农业补贴问题时，《农业协议》将农业补贴分为"出口补贴"和"国内支持"两个方面加以规范。"出口补贴"被认为直接对农产品市场造成了严重的扭曲，《农业协议》要求削减并最终禁止农产品"出口补贴"；"国内支持"也或多或少会对生产和贸易产生扭曲[194]，《农业协议》按照扭曲程度，将"国内支持"划分为"绿箱"政策、"黄箱"政策、"蓝箱"政策、特殊和差别待遇政策和微量允许等内容[197]。

2.1.3.2 WTO"国内支持"政策：绿箱、黄箱、蓝箱

（1）"绿箱"政策

"绿箱"政策是指政府执行某项农业计划时，其费用由纳税人负担而不是消费者转移而来，没有或仅有微小的贸易扭曲作用，对农业生产影响很小的支持措施，以及不具有给生产者提供价格支持作用的补贴措施[198]。

"绿箱"政策主要包括[197]：① 政府的一般服务，包括农业科研、病

虫害控制、农业科技人员和市场操作培训、信息推广和咨询、检验服务、市场促销服务、农业基础设施建设等；② 用于粮食安全目的的公共储备补贴；③ 国内粮食援助补贴；④ 与生产脱钩的收入补贴；⑤ 保障农业生产者收入稳定的补贴；⑥ 对因自然灾害受损的农业生产者给予的救济补贴；⑦ 对退休的农业生产者给予的补贴；⑧ 农业结构调整补贴；⑨ 农业资源停用补贴；⑩ 对有利于保护环境的农业生产方式给予的补贴；⑪ 对农业生产条件落后地区给予的地区援助补贴。

（2）"黄箱"政策

"黄箱"政策是指那些对生产和贸易有直接扭曲作用，需要限制和逐步消减的政策[198]。

"黄箱"政策主要包括[198]：① 政府对农产品的直接价格干预和补贴；② 营销贷款补贴；③ 面积补贴；④ 牲畜数量补贴；⑤ 种子、肥料、灌溉等投入补贴。

"黄箱"补贴程度的大小和方向用综合支持量（Aggregate Measurement of Support，AMS）来衡量。根据《农业协议》，AMS 指对生产某项特定农产品的农业生产者给予支持，或者对全体农业生产者生产非特定的农产品给予货币支持，正值越大，说明对农业的支持和保护程度越高。《农业协议》明确规定了各成员国 AMS 的最高值，并且要求各成员国在 AMS 承诺的最高值约束下逐步削减国内的"黄箱"政策[197]。

（3）"蓝箱"政策

"蓝箱"政策是"黄箱"政策中的特例，指那些虽然对生产和贸易有扭曲作用，但是以限制生产面积和产量为条件的国内支持，不列入需要削减的国内支持计算[198]。

"蓝箱"政策主要包括[197]：① 为限制农作物生产，基于固定耕地面积和产量的支付；② 为限制畜牧生产，基于固定牲畜数量限制的支付；③ 为限制农产品产量，基于基期生产能力的 85% 以下给予的支付。

2.1.3.3 WTO《补贴与反补贴措施协议》

由于一国政府提供的补贴会对生产和进出口产生程度不同的扭曲作用，从而对他国相关产业的利益造成影响，因此作为自由公平贸易的"倡导者"，WTO 担当了补贴与反补贴规则的"立法员"[199]，乌拉圭回合多边贸易谈判达成的《补贴与反补贴措施协议》成为 WTO 中补贴与反补贴的法律制度之一，其宗旨是规范各成员国实施补贴与反补贴措施的行为。

《补贴与反补贴措施协议》由 11 个部分共 32 个条款和 7 个附件构成，11 个部分包括：① 总则；② 禁止性补贴；③ 可诉补贴；④ 不可诉补贴；⑤ 反补贴措施；⑥ 组织机构；⑦ 通知与监督；⑧ 发展中国家成员；⑨ 过渡性安排；⑩ 争端解决；⑪ 最后条款。

从《补贴与反补贴措施协议》的构成部分可知，其将补贴分为禁止性补贴、可诉补贴和不可诉补贴。禁止性补贴包括出口补贴和进口替代补贴。不可诉补贴包括：不具有专向性的补贴，具有专向性的政府对科研、落后地区及环保补贴。禁止性补贴和不可诉补贴之外的其他补贴属于可诉补贴[199]。

《补贴与反补贴措施协议》在规定反补贴的救济措施方面采用"双轨制"，即遭受可诉补贴不利影响的成员方，可以通过 WTO 争端解决机制设立专家组来裁定提供补贴的成员消除不利影响或撤销补贴；也可以通过本国的反补贴措施法律制度来发起调查并征收反补贴税。两者在程序上可以同时进行，但救济措施只能采取一种[199]。

从《补贴与反补贴措施协议》和《农业协议》两者适用的范围来说，前者与后者是"一般"与"特殊"的关系，即《补贴与反补贴措施协议》是关于补贴与反补贴问题的"一般"法，但涉及农产品时，则按照《农业协议》的特殊规定来处理。比如：《补贴与反补贴措施协议》中明确规定出口补贴是禁止性补贴，但在农产品方面，政府提供给农产品的出口补贴并不必然是禁止性补贴。按照协议规定，提供超过"减让表"① 所承诺的数量水平的出口补贴才是禁止性的，也只有在这种情况下，各国才可以寻求采取反补贴救济措施。而这正是《农业协议》和《补贴与反补贴措施协议》的最大不同之处[199]。

2.2 相关理论基础

2.2.1 和谐管理理论

"和谐"思想作为一种反映经济社会普遍运行机理的管理思想，一

---

① 根据文献 [199]，减让表是指 WTO 中以列表形式体现的谈判成果，包括关税减让表和服务贸易减让表，并作为 WTO 文本的有机组成部分，其他成员可不经谈判而按最惠国待遇原则自动地享有这些谈判减让的成果。

直伴随在管理理论的演进过程之中，但由于受到当时科学发展水平的限制，从远古的哲学思想到近代的管理学说，总是处于一种零碎、片段的意识状态，未能形成科学规范的组织管理理论[200]。

和谐管理理论是基于早期的和谐理论发展起来的。早期的和谐理论是席酉民教授于1987年提出的，受到管理理论界的普遍关注[5]。和谐理论指出[58]：在日常生活中，很多人对和谐概念往往有一个朴素的、字面上的认识。从字面上理解和谐概念意味着一种"一致、匹配、协调"，尤其在人的情感、社会等方面，和谐表示人与人之间关系和睦。这种和谐概念侧重于理解人与人之间在情感、交往、伦理等方面关系的和睦、亲密，即人群中自发秩序的方面。对于生活中带有意志和目的追求的理性和逻辑方面或者说建构秩序方面，人们更倾向于用"协调"的概念来表示。不和谐的概念也就往往更多地表示人与人之间在情感、交往方面存在的矛盾和秩序紊乱。这种朴素的和谐概念只强调了和谐概念本身"和"的方面，或者说自发秩序的方面，而没有足够重视建构秩序，即"谐"的方面。这种对和谐概念朴素的认识是不够深刻的，也往往找不到不和谐的本质是什么[58]。朴素的和谐概念表达了和谐的基本思想，但也存在不严谨、不深刻的缺陷[58]：不严谨表现在它没有辩证地同时强调"和"与"谐"两个方面，而只侧重于其中的一个方面；不深刻体现在它本身并没有清晰地认识到和谐存在两个方面，以及两个方面对和谐的作用和影响，从而也就很难发现大量不和谐现象的真正本质是什么。

早期和谐理论的核心基础是[5]：任何系统之间及系统内部的各要素都是相关的，且存在一种系统目的意义下的和谐机制。和谐理论从社会大量的不和谐现象出发，认为社会经济系统中的不协调性主要表现为缺乏一种充分发挥系统成员与子系统聪明才智和创造性的机制，从而导致系统出现一系列负效应（要素负效应、构成性负效应、精神性负效应、内外失调性负效应和总体性负效应），强调系统只有建立一种"和谐机制"，才能充分调动和利用各子系统成员的积极性和能动性，最大限度地促进其能量的释放和功能的发挥。和谐理论提出了"和谐诊断""和谐度的度量""两轨、两场"控制机制、五级嵌套优化模型等概念，建立了系统通过减少内耗、建立和谐机制，从而提高运行绩效的一套严密的理论体系，给出了一般系统如何演化到和谐状态并维持和谐运转的思路和方法[5]。简言之，该理论主要从思想和方法论层次对社会经济系统中普遍存在的和谐机理进行研究，其基本理论架构为[5]：运用系统观，围绕组织演进前后和谐态的对照比较，分析导致组织出现无序及不协调的负效应的构成成分，并针对其提出和谐控制机制，进行和谐性诊断，进而建立起 HAUEC（Harmony, Adaptability, Unity, Effectiveness, Coordination）五级嵌套优化模型，同时设立和谐预警系统作为保证和监控系统和谐演进的重要手段。

随着管理实践的发展和管理研究的深入，特别是社会经济活动日益复杂多变及传统管理理论遇到了前所未有的挑战，早期和谐理论所提倡的管理思想和理念日益显示出其理论和应用价值。和谐理论被提出后的十几年时间里，又不断完善，逐步向管理理论发展过渡，形成了一个关于和谐管理理论的较为完整和一致的理论框架，与早期的和谐理论架构相比有了较大的改观[5]。和谐管理理论已经构建了以"和谐主题""和则""谐则""和谐耦合"等重要概念在内的较为完整的理论体系，特别是其针对组织内外部环境越来越表现出高度的复杂性和不确定性、而现有管理理论的应对策略较弱且缺乏对未来事务预见力的局限，提供了对复杂管理问题独具特色的解决思路、路径、技术和方法，具有很强的优越性。和谐管理理论的适用范围不仅仅限于一般组织，其可扩展到宏观层面的社会管理领域并启迪相关问题的解决。

和谐管理理论的前提假定是[4, 33]：① 管理活动总是为了解决特定问题或完成特定任务，并且一定的管理问题或任务总是受到目标、资源、成本、时效要求等内外部环境相关要素的约束；② 组织中的人是有限理性的"智能体"；③ 人不仅追求目的，而且遵循规则。这些前提假定都是管理学、行为理论中得到广泛认可的知识（智能体理论的基础同样来自成熟的行为学和心理学理论），假定的正确性有效保证了和谐管理理论基本内容的有效性[4]。由此，和谐管理理论放弃"计划、组织、领导和控制"的基本框架，成为紧密依赖于环境的"围绕和谐主题的问题解决学"[26, 35]。它是基于"此时、此地、此行业下的和谐主题"的辨析和应对。按"人"与"物"的划分，加之管理活动常常面临的"人的不确定性""物要素的匹配、互动和组合优化性"及"环境的复杂多变性"，相应地分化出"和"与"和则"、"谐"与"谐则"等两类概念[26]。

和谐管理理论将一定问题或任务的有效解决途径总结为"环境诱导下的自主演化"和"理性设计与优化"双规则的互动耦合，"和谐耦合"是在"和谐主题"下对"和则""谐则"关系的调节，是"和则"与"谐则"围绕"和谐主题"在组织不同层级间相互作用的适应和演化的过程，而组织的管理体系也正是"诱导演化"和"理性设计"在一定条件下相互耦合的结果[36]。和谐管理理论的双规则机制及其互动耦合暗含了管理哲学中"演化"与"设计"两类倾向的实现机理[36]：演化和设计两类秩序分别与"环境诱导下的自主演化"与"理性设计与优化"两类作用模式相对应，"和则"是在一定环境影响或诱导下形成的，即"人之行动的结果"；"谐则"是通过管理者计划和建构实现的，即"人之设计的结果"。

演化是人参与系统发展的主旋律，但是所谓"人之行动的结果"也并非完全自由行动的结果，系统是在人类理性设计干预下演化的结果。管理理论中的演化秩序如行为理论、企业文化等，也是管理者通过相关政策和环境进行有目的性的诱导，使得员工行为表现出一定的秩序性。演化与设计秩序不仅独立存在，而且有着紧密的关联。当演化形成的知识显性化，并经过实证证实，那么演化的知识就逐步转化为可设计的规则，即体现为"和则"向"谐则"的转化；对于设计无法处理的问题，即"人之设计"无效时，必须将其转化为"人之行动"去处理，即体现为"谐则"向"和则"的转化。因此可以认为"和则"与"谐则"的耦合过程是一个在互动中不间断地螺旋式推进的过程。围绕"和谐主题"的"和则""谐则"的运用及其"耦合"不仅鲜明地体现了管理活动中"自主演化"和"人为设计"的特性，而且也提供了应对复杂问题的有效解决之道[36]。

和谐管理理论的终极目标是[26]：对复杂多变环境下的充满不确定性的一系列管理问题提出一种较为全面的解决方法，其理论能对已发生、正在发生及将发生的管理现象有广泛且良好的解释力与预见力，同时具有紧贴管理实践的精确性，并能更加简捷、易操作。

2.2.2 农业基础地位理论

农业是国民经济的基础，也是经济发展的基石，在国民经济中占据着重要的地位，其基础地位主要表现为以下两个方面：

一方面，农业为人类提供基本的生存生活资料。不管是传统农业还是现代农业，均是人类生存和发展的先决条件。人类的生存和发展首先离不开生活资料的获取，其中最重要的是食物的获得，而绝大多数食物来源于农业生产。虽然食物并非农业为人类所提供的唯一的生活资料，但是人类吃穿用所需的大量生活资料一般是通过农业直接或者间接获取的。随着科技和社会的发展，除食物以外的大多数生活资料尽管能够通过工业生产取得，然而由农业所提供的基本生活资料是不可能被工业产品完全替代的[201]，"人要吃饭"的客观事实也是无法改变的。

另一方面，农业影响和制约着国民经济的发展全局。这主要体现在[201]：农业是工业等其他物质生产部门与非物质生产部门存在和发展的必要条件；农业是制造业尤其是轻工业材料的重要来源；农产品在出口创汇方面发挥着不容忽视的作用；农村是工业品与服务业的广阔市场；农民是国民经济各部门劳动力的后备军。由此可见，农业为国民经济的发展提供着强有力的支撑。

要巩固农业的基础地位，对其进行补贴是重要手段之一[202]。经济越发展，就越需要对农业给予更多的保护和投入，这不仅是欧美发达国家的成功经验之一，更是近现代世界经济发展的一条规律[203]。唯有不断夯实农业基础地位这个"地基"，才能保障国家粮食安全的基础，进而促进整个国民经济和谐发展。

2.2.3　弱质产业扶持理论

农业的弱质性是指农业与生俱来的、相对于国民经济中其他产业的不利秉性[204]。其弱质性主要表现为：

（1）自然风险高。农业生产的对象是有生命的动植物，这就决定了农业对自然条件具有很强的依赖性[205]。事实上，各种气象要素均会对农业生产造成影响，光、温、水、风等不仅影响农作物的产量，还影响其质量。即便拥有先进的农业科技，天气仍然是影响农业生产的主要因素，这在欧美发达国家也不例外。而干旱、洪涝、台风、冰雹、暴雪、沙尘暴等自然灾害更是会对农业造成毁灭性的打击[204]。此外，由于农业对自然的强依赖性，其劳动时间和生产时间常常不一致，且劳动时间小于生产时间，难以实现分工与专业化，这降低了农业的生产效率[206]，影响了农业的收益。

（2）市场风险高。第一，农产品的需求弹性很小。恩格尔定律指出，"随着家庭和个人收入的增加，收入中用于食品方面的支出比例将逐渐减小"。由此可知，经济发展可能会使农业面对一个不会扩张的市场环境。换句话说，农产品如果满足了一定供应范围内的需求，就容易出现过剩现象。基于此，发达国家为了保护国内农业生产，一方面贸易壁垒繁多且森严，另一方面还极力将农产品推销给发展中国家。第二，农产品中鲜活品居多，难以大量完好地长时间仓储与保存。如果这些农产品在短期内没有售出则易腐烂变质，也就无法体现其价值[204]。第三，农产品供给对价格反应具有时滞性。农业生产具备季节性和周期性，而农产品消费却具有日常性和连续性，这种不对称使生产者很难及时对价格做出反应，决策调整往往要等到下一个生产周期。因此农产品供给常常难以及时"追随"价格变化，放大了其稀缺或过剩的波动效应，面临较高的市场风险[206]，也导致了一些"离农"与"弃农"倾向。

（3）比较利益低。由于上述两个风险的存在，农业与第二、第三产业相比，比较利益一般偏低。并且，资源流动具有趋利性，当农业的比较利益较低时，不仅难以吸引资本、技术和人才等资源，甚至连农业自身的优质资源也可能向比较利益高的其他行业转移。因此，需要政府对农业采取扶持政策[207]，提升农业的比较利益，进而促进其可持续发展。

应该明确，农业虽然天生带着一副"弱质性"的"身躯"，需要扶持，但其并不必然具有"弱势性"。农业的弱质性与弱势性是不同的，弱势性具有阶段性和相对性，当农业政策从压抑农业转向扶持与发展农业时，不但可能缩小国民经济各产业之间的差距，甚至可能使农业成长为发达的产业[204]，"弱势变强势"。考虑到上述因素，加大对农业的支持与保护，实施并完善包括粮食补贴在内的农业补贴政策，就能够适度增加农业的强势性，进而缓解农业的弱质性，最终推动农业及整个国民经济的持续健康发展。

2.2.4 城乡反差协调理论

城乡反差协调理论认为[208]：随着工业化进程的加快，农业和农村会出现凋敝，若不采取给予农业补贴等措施，城乡反差会越来越大，最终导致不可调和的社会矛盾。

事实上，造成城乡发展不协调的根源，是城乡的二元结构[209-210]。纵观世界各国经济发展史，尽管国情不同，但普遍存在着历史形成的城乡二元结构问题[211]。中国具有典型的二元经济特征，在工业化快速发展的过程中，工业生产的劳动生产率不断提高，成本下降；而农业劳动生产率一直偏低，加之能源、劳动力、土地等需求增加，成本相对上升。于是，农业的比较优势随着工业劳动生产率的提高而逐渐丧失，并随着工业增长的加速呈加快丧失态势。在上述情形下，纵使农民收入不至于绝对下降，但与其他行业相比，其增收速度也要慢得多[208, 212]，这挫伤了农民的积极性，进而影响了农业及整个国民经济的协调发展。

根据发达国家和其他发展中国家在统筹城乡协调发展的经验，政府主要采取以下三种措施[213]：一是制定城乡协调发展规划，二是出台法律、法规保障，三是加大公共财政资金对"三农"的扶持。基于此，为维护社会稳定，促进经济又好又快发展，保障粮食安全和农民增收，必须对农业进行必要的保护，这成为实行补贴的必要条件[212]。对于我国来说，如果国家支持农业的政策不变，甚至力度不断加大的话[212, 214]，随着新型工业化、新型城镇化、农业现代化等的协同推进，将有利于缩小城乡差距，进而消弭城乡二元鸿沟。

2.2.5 农业多功能性理论

多功能农业作为一个术语，诞生于 1988 年欧盟文件《乡村社会的未来》中，同期也在日本的"稻米文化"中有所体现。在国际范围内，这一概念最早在 1992 年联合国里约环境与发展大会文件《21 世纪议程》中出现，其总结到"农业的多功能性尤指粮食安全和可持续发展"。此后，WTO、FAO、OECD 均在不同场合使用了这一概念[215]。

在我国，2007 年中央"一号文件"提出要"开发农业多种功能"，指出"农业不仅具有食品保障功能，而且具有原料供给、就业增收、生态保护、观光休闲、文化传承等功能"，首次明确肯定了多功能农业的重要作用。虽然人们对于农业多功能性的理解与界定不同，但概括而言，可以归纳为保证粮食安全、提供工业原料、促进社会稳定、维持乡村景观、保护生态环境和休闲文化教育等[216]。

政府财政应该支持多功能农业，主要是由多功能农业的以下四个特征决定的[217]：① 联合生产特征。市场价格是难以反映多功能农业联合生产过程的全部成本和收益的，多功能农业自身很难因产生的正值效益而获得经济补偿。② 经营效益的复合性特征。多功能农业的生态效益与社会效益的成本一般无法通过市场手段得到回报，其劳动通常也无法通过市场手段得到补偿。③ 正外部经济特征。这一特征会使农业生产的私人成本和社会成本发生偏离，进而使多功能农业外部经济的收益外溢化并受到外部性约束。④ 公共产品特征。经营多功能农业付出多却收益少，易造成非经济性公共产品供给短缺，公共产品的价格也很难真实反映其自身价值，使多功能农业提供的公共产品较难满足社会需求[217]。基于上述原因，社会应该为多功能农业"付费"，这可通过政府补贴来实现。

2.3 本章小结

本章通过对"和谐管理""粮食财政直接补贴""WTO 农业补贴政策"等相关概念的界定，以及"和谐管理理论""农业基础地位理论""弱质产业扶持理论""城乡反差协调理论""农业多功能性理论"等理论进行梳理和分析，找到了基于和谐管理理论的粮食财政直接补贴研究的理论依据，为后文开展实证研究奠定了基础。

3

第 3 章

粮食财政直接补贴"和谐主题"的辨识与判定

和谐管理理论指出[4]：组织在其发展的每一阶段，一般都有大量的任务需要完成、众多的问题需要解决，这些任务和问题会形成该阶段下的组织任务或问题网络；而在这一网络之中，必定有一个最为迫切需要完成的核心任务或要解决的核心问题，这就是"和谐主题"。

可见，"和谐主题"是和谐管理理论的核心，它面对实际现象与问题，即坚持"问题导向"[4]，它成为和谐管理理论首先要研究的内容。

本章拟基于和谐管理理论，运用系统思辨的方法研究"粮食财政直接补贴"的"和谐主题"，分析"粮食财政直接补贴"在当前复杂快变的环境下是否抓住了补贴的要害，补贴的核心任务究竟是什么，工作重心需不需要调整；并找出薄弱环节加以改进，为优化和完善"粮食财政直接补贴"提供更富有现实性的决策依据，促进"粮食财政直接补贴"和谐发展。

3.1 粮食财政直接补贴"和谐主题"的概念模型

3.1.1 粮食财政直接补贴中的"和谐主题"诠释

和谐管理理论的前身——和谐理论从对社会上"内耗"现象的关注开始，一方面深谙中国古代哲学关于"和谐"思想的精辟见地，另一方面得益于20世纪80年代中期新老三论的盛行，重点从系统工程角度建立了一种通过和谐机制减少内耗、提高组织运行和管理绩效的理论体系，理论的基础假设是认为存在一种称为"和谐态"的最优状态，系统通过建立和谐机制可以从不和谐逐步逼近"和谐态"。早期研究更多的意义局限于思想和方法论层面，虽然也给出了一般系统如何演化到和谐状态并维持和谐运转的思路和方法，但对于具体管理问题的解决尚未做出回答。之后的一些理论和应用研究[13, 200, 218, 219]，席酉民教授等人认为其未能突破"泛和谐"的理论框架[4, 14]。所以，人们感到"和谐"的含义过于笼统，"和谐机制"缺乏方向性和应用价值。但需要注意的是，早期和谐理论强调"存在一种系统目的意义下的和谐机制"，这里的"系统目的意义"虽较为宽泛，尚不够精确，但却为"和谐主题"的提出奠定了思想基础[4, 14]。

事实上，与其他实践性较强的学科一样，管理研究必须坚持"问题导向"，即"从问题中来，到问题中去"，避免一入手就陷入某种方法或理论的约束，因为这种约束要么限制了创造性的发挥，要么解决的问题与实际面临的问题相去甚远[220]。管理研究一开始就具备理论与实践的双重意义，管理学家往往基于当时社会生产和生活背景，从某一个或某一类管理现象和问题入手，发展出各式各样的管理理论。上述启示包括：一方面，和谐理论应立足于解决实际管理问题，不仅注重回答"为什么""是什么"，更要注重回答"怎么样"；另一方面，和谐管理应当具备某种参照中心，作为"系统目的意义"之所在[4, 14]。

鉴于以上对早期和谐理论的反思，和谐管理理论提出"和谐主题"（HeXie Theme，HT）[4]的概念，"和谐主题"作为复杂快变环境下组织进行整体性快速应变的一种有效工具[19]，是组织在一定时期内最为迫切需要完成的核心任务，亦即工作重心或中心工作议题，可以简称"主题"。

从"和谐主题"的含义可以推出其应具有的基本性质[4, 14]：① 全局性。"和谐主题"表明组织的整体行动意向，它对组织发展具有全局性的影响，是组织整体和谐所参照的中心。组织任何局部问题的解决都应围绕"和谐主题"进行，否则可能因为"只见树木、不见森林"而使组织整体和谐遭受破坏。② 相对稳定性。由于"和谐主题"是组织与环境或者人与物要素互动过程中产生的某种深层次的、本质的或核心性问题，所以它具备一定程度的稳定性。反过来，正是因为"和谐主题"具备相对稳定性，它才能为组织发展提供某种指导原则和标准。但是，"和谐主题"不是一成不变的，在组织发展的不同阶段和不同时期有不同的主题，组织要注意根据自身状态和环境的变化做出适当调整。③ 情境依赖性。主题的凸现依赖于特定时期组织的内外部环境，环境要素的变化将直接导致原有主题不再适应组织发展，新的主题将凸现出来。④ 主观认知性。组织面临的管理问题纷繁复杂，要从中提炼、归纳、判断出组织发展的核心问题，有赖于组织成员尤其是组织领导的主观认知。⑤ 多样性。不同的组织面临不同的外部环境和内部特征，具有各自发展的特色，因而主题呈现出多样性的特点[4, 14]。

事实上，和谐管理理论不仅可以运用在一般的组织中，而且对社会管理问题也有重要启示。鉴于此，粮食财政直接补贴的"和谐主题"（本章以下"和谐主题"简称"HT"）是指"粮食财政直接补贴"在一定时期内最为迫切需要完成的核心任务，分两方面，一个是"实际实施的 HT"，另一个是"理应执行的 HT"。"实际实施的 HT"是通过梳理粮食大事记中与"粮食财政直接补贴"相关的主要任务及活动来进行辨识的，而"理应执行的 HT"则基于"粮食财政直接补贴"的 EOL 模型来进行判定。

3.1.2 粮食财政直接补贴"和谐主题"研究的思路分析

根据和谐管理理论，某一阶段粮食财政直接补贴"实际实施的 HT"与研究者通过 EOL 模型判定出的"理应执行的 HT"可能一致，也可能不一致。若一致，和谐管理理论认为"实际实施的 HT"的选择是正确的，换句话说，"粮食财政直接补贴"在这一特定阶段的管理重心定位是正确的；若不一致，则认为"实际实施的 HT"有不足之处，需要基此判断绩效会产生什么影响，并进行验证，以说明理论的预见性，"实际实施的 HT"也需要重新审视与改进。

"粮食财政直接补贴"的和谐管理分析是通过研究"实际实施的HT"与"和则""谐则"的一致性来进行的，即探讨在"实际实施的HT"下是否选择了恰当的"和则""谐则"机制及其相关活动与措施。而绩效则是检验"实际实施的 HT" 与 EOL 一致性的桥梁、纽带及重要判据，若一致，说明"实际实施的 HT"的选择是正确的。

本章粮食财政直接补贴"HT"研究的流程，如图 3-1 所示。

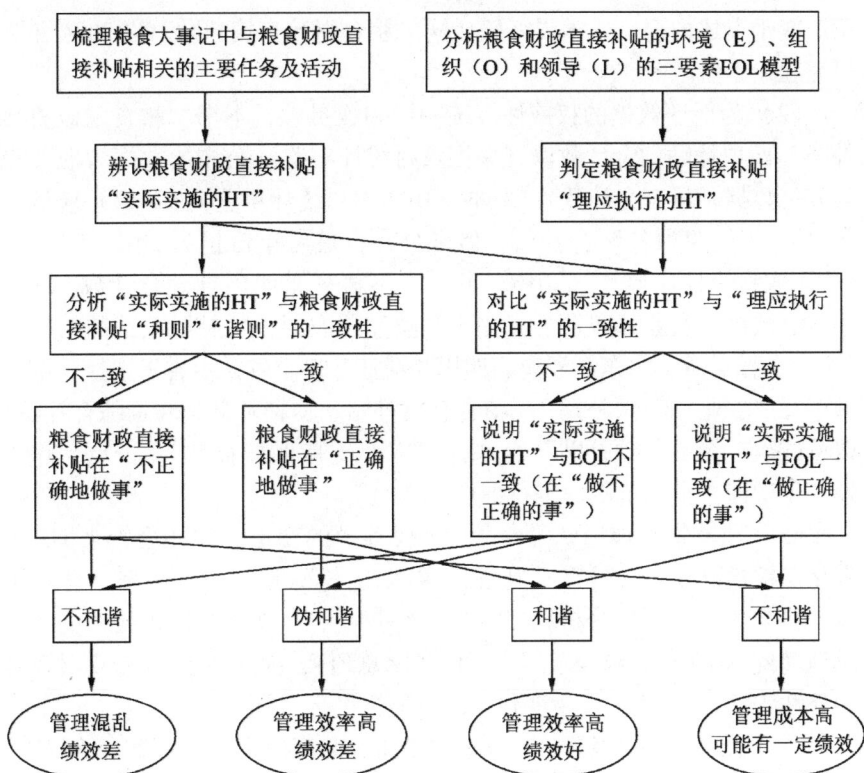

图 3-1　粮食财政直接补贴"和谐主题"研究的流程图

3.1.3　研究选取的时间段说明

在选取研究的时间段时，本章考虑了以下三方面的因素：

（1）在"粮食财政直接补贴"的四项补贴中：①"粮食直接补贴"是从 2002 年开始试点的，2004 年全国粮食主产区开始全面推行"粮食直接补贴"。②"良种补贴"是从 2002 年开始组织实施的，针对的品种是大豆，2003 年小麦也列入其中；2004 年进一步扩大为大豆、小麦、水稻、玉米四个品种。③"农机具购置补贴"开始于 1998 年；2004 年《中华人民共和国农业机械化促进法》实施，2005 年财政部和农业部联合印发《农业机械购置补贴专项资金使用管理暂行办法》和《2005 年度农业机械购置补贴专项实施方案》，标志着农业机械化和农机具购置补贴发展的新阶段。④"农资综合补贴"是 2006 年开始实施的，是在 2004 年"粮食直接补贴"全面推行的基础上又一项针对种粮农民的直补政策。鉴于上述内容，学术界一般认同"粮食财政直接补贴"以 2004 年为研究起始年份。

（2）为保证数据的权威性、统一性和连贯性，本书"粮食财政直接补贴"四项补贴的合计数以《中国农村统计年鉴》公布的数据为准（没有分类数据，只有合计数）。原本《中国农村统计年鉴》（2014）应该公布 2013 年的四项补贴合计数，但未公布，最后年份仍为 2012 年①。自《中国农村统计年鉴》（2015）开始，不再公布四项补贴合计数。2015年，财政部、农业部印发了《关于调整完善农业三项补贴政策的指导意见》，选择安徽、山东、湖南、四川和浙江等 5 个省，由省里选择一部分县市开展农业"三项补贴"（粮食直接补贴、良种补贴、农资综合补贴）改革试点，将"三项补贴"合并为"农业支持保护补贴"，试点工作为期一年后即在全国范围内进行推广。

（3）和谐管理理论认为[4-5]：重要领导的变更，往往会带来 HT 的变化。粮食财政直接补贴"智囊团主席/队长"是国务院总理（详见本章"第 3.3.3 节"的分析），2013 年 3 月 15 日，李克强同志接任国务院总理（此前 10 年，温家宝同志任国务院总理），因此 2013 年粮食财政直接补贴"HT"可能会发生变化，即可能会进行"漂移"。

综合上述三方面因素，本章选取的研究时间段为 2004—2012 年。

3.2 基于粮食大事记的粮食财政直接补贴"实际实施的和谐主题"的辨识

3.2.1 粮食财政直接补贴体系的主要任务及活动

"粮食财政直接补贴"所发生的各种事件和活动是有时间性的，只有将其重要事件和管理活动按时间脉络理顺，才能在后续的分析中将特定的事件和活动与当时特定的情境联系起来，从而为进一步研究奠定基础。粮食大事记能够忠实地记载粮食领域的重大事件和重要活动，可以为本章分析"粮食财政直接补贴"的相关内容提供较为系统的资料。目前，我国记载粮食大事记的年鉴主要有《中国粮食市场发展报告》《中国粮食发展报告》和《中国粮食年鉴》三种。

---

① 详见《中国农村统计年鉴》（2014）第 67 页。

表 3-1 描述的是 2004—2012 年《中国粮食市场发展报告》《中国粮食发展报告》和《中国粮食年鉴》中的历年大事记个数。针对大事记的文本资料，相关课题组成员进行了内容分析。

表 3-1　2004—2012 年粮食大事记个数统计表

年份	《中国粮食市场发展报告》大事记（个）	《中国粮食发展报告》大事记（个）	《中国粮食年鉴》大事记（个）
2004	69	26	—
2005	54	31	—
2006	64	—	25
2007	52	26	26
2008	73	46	48
2009	47	57	57
2010	61	75	75
2011	61	82	84
2012	45	71	71

注：《中国粮食年鉴》是 2006 年创刊的，故 2004 年无大事记；《中国粮食年鉴》（2006）未编撰 2005 年大事记；《中国粮食发展报告》（2007）未编撰 2006 年大事记。

资料来源：根据《中国粮食市场发展报告》（2005—2013）、《中国粮食发展报告》（2005—2013）、《中国粮食年鉴》（2006—2013）相关资料整理、计算得出。

首先，对"粮食财政直接补贴"所关注的内容分类别进行编码，确定编码格式。如粮食直接补贴（A）、良种补贴（B）、农机具购置补贴（C）、农资综合补贴（D），当文本所涉内容为"粮食财政直接补贴"但没有明确表述属于上述 A ~ D 时，则为其他（E）。同时对不同的年鉴进行编码：《中国粮食市场发展报告》（SCFZBG）、《中国粮食发展报告》（FZBG）、《中国粮食年鉴》（LSNJ），如 2005 年出版的《中国粮食市场发展报告》的 2004 年大事记中的第一个事件，就编码为 SCFZBG2004-1；2013 年出版的《中国粮食年鉴》的 2012 年大事记中的第二个事件，则编码为 LSNJ2012-2。

其次，初步处理文本。将文本中有关各不同类别的内容分别提取出来，加以编码，如 2005 年出版的《中国粮食市场发展报告》的第 6 个事件是有关"粮食直接补贴"的，就编码为 A_ SCFZBG2004-6；2008 年出版的《中国粮食市场发展报告》的第 16 个事件是有关"农资综合补贴"的，就编码为 D_ SCFZBG2007-16。进而得到两种不同形式的文本：一类是以不同类别内容为分类标准（A、B、C、D、E）的文本，每份文本是每种年鉴在该类别内容上的记录；另一类则是以不同年鉴为分类标准（SCFZBG、FZBG、LSNJ）的文本，每份文本里面分门别类地列举了其对不同类别内容的记载。两种文本有利于进行个体间的比较分析。在这一阶段，考虑到大事记中有些事件的描述比较精炼，为了更好地开展分析，还从国务院、财政部、国家发改委、农业部、国家粮食局、中国农业发展银行等"粮食财政直接补贴"政策的制定与发布机构或部门的网站，扫描相关事件并对其目标、原则、任务、宗旨、意义等相关内容进行了补充与扩展，以形成内容更为丰富的文本。

再次，由课题组两名成员"背对背"独立地对同一份文本进行编码。对编码段落进行逐句分析并划分语义单位，进而提取关键词。编码结束后进行比对，若出现编码不一致的地方，则由课题组全体成员集中讨论研究并最终达成一致。表 3-2 是对文本内容进行编码的示例。

表 3-2　文本内容编码示例

文本编号	文本内容及语义分析	关键词
D_SCFZBG2007-16（指针对农资综合补贴类别的内容，2008 年出版的《中国粮食市场发展报告》的 2007 年大事记中的第 16 个事件）	2007 年 5 月 17 日，为贯彻落实《中共中央 国务院关于积极发展现代农业 扎实推进社会主义新农村建设的若干意见》（中发〔2007〕1 号）精神（a1），进一步促进粮食增产、农民增收（a2），经国务院批准，2007 继续稳定和完善农资综合直补政策，并加大对种粮农民的农资综合直补力度。为此，财政部发出《关于做好 2007 年对种粮农民农资综合直补工作的通知》，对补贴政策目标和资金分配原则、补贴资金的管理和拨付、补贴资金对农户的落实等问题进行安排（a3）。 补贴政策目标和资金分配原则：在保持 2006 年农资综合直补政策相对稳定的前提下，适当调整和完善 2007 年新增农资综合直补政策目标，政策重点鼓励多产粮、多调粮、产好粮（a4），更好地调动各地和农民粮食生产的积极性，促进粮食生产和农民增收。2006 年 120 亿元农资综合直补资金仍维持各地补贴基数不变，2007 年新增 156 亿元补贴资金分配（a5），坚持以下基本原则：一是继续坚持向粮食主产区倾斜的同时，进一步向粮食增产快、商品量大、优质稻谷产量多的地区倾斜。今年新增资金分配，继续坚持按因素法测算分配资金，资金分配直接与近三年来各地的平均粮食产量、商品量和优质稻生产等因素挂钩（a6），产粮越多、粮食商品量越大、优质稻生产越多，得到的补贴就越多。反之，则少（a7）。二是继续促进补贴公平，	a1：2007 年"一号文件" a2：粮食增产与农民增收 a3：农资综合补贴 a4：鼓励高产优产 a5：增加补贴 a6：补贴与产量挂钩 a7：增产为首要 a8：补贴公平 a9：一次性拨付

文本编号	文本内容及语义分析	关键词
	适当缩小补贴水平的地区间差距。考虑历史补贴因素，对现有亩均补贴标准和补贴强度系数过低的地区，在新增资金分配上适当倾斜。对补贴水平较低的个别地区，适当提高其补贴标准，适当缩小各地区之间补贴差距，进一步促进各地补贴公平，更好地发挥补贴政策对各省（自治区，直辖市）发展粮食生产的激励作用（α8）。三是充分考虑今年化肥、柴油等农资价格变动全年预计对农民种粮可能的增支影响，并适当留有余地。中央财政将全年农资综合直补资金一次性全部拨付到地方，地方财政部门一次性将补贴发放到农户，期间补贴原则上不再随农资价格变动而变动（α9）。	

文本来源：根据《中国粮食市场发展报告》（2008）、中华人民共和国财政部网站（http://www.mof.gov.cn/）相关资料整理得出。

最后，课题组对全部关键词进行了讨论、分析和总结，并结合课题组阅读的 SCFZBG 中"中国粮食相关政策法规"、FZBG 中"国家扶持粮食发展政策"和 LSNJ 中"粮食政策与法规文件"的相关内容，最终辨识出 2004—2012 年粮食财政直接补贴体系的 4 个主要任务（Task，T）与 35 个主要活动（Activity，A），如表 3-3 所示。

表3-3　2004—2012 年粮食财政直接补贴体系的 4 个主要任务与 35 个主要活动

任务 T	活动 A
任务 T1：粮食增产（活动 A1—A13）	活动 A1：2004 年 3 月，《实行对种粮农民直接补贴、调整粮食风险基金使用范围的实施意见》下发，以"稳定和发展粮食生产……" 活动 A2：2004 年 3 月，《关于尽快落实对种粮农民直接补贴的紧急通知》发出，以"鼓励农民扩大粮食种植面积"。 活动 A3：2005 年中央"一号文件"指出"继续加大'两减免、三补贴'等政策实施力度"，认为其对"保护和提高粮食生产能力意义重大"。 活动 A4：2005 年 2 月，《关于进一步完善对种粮农民直接补贴政策的意见》下发，目标是"进一步促进粮食生产……" 活动 A5：2005 年 9 月，《关于进一步做好基本农田保护有关工作的意见》下发，指出"基本农田是粮食生产的重要基础""国家和地方有关的农业补贴要向基本农田保护任务重的地区倾斜"。 活动 A6：2008 年 3 月，全国农业和粮食生产工作电视电话会议召开，温家宝总理强调，"要充分认识进一步加强农业和粮食生产的极端重要性，进一步加大政策支持力度，……促进农业和粮食生产发展""中央财政再增加 252.5 亿元投入，主要直接补贴给农民，采取十项重要措施，支持农业和粮食生产"。

任务 T	活动 A
	活动 A7：2008 年 4 月，《全国粮食高产创建活动年工作方案》印发，指出"要整合良种补贴、农机具补贴……项目，重点向粮食高产示范点倾斜"。
	活动 A8：2009 年 4 月，《全国新增 1000 亿斤粮食生产能力规划（2009—2020 年）》原则通过。认为"……对种粮农民实行'四补贴'……稳定了粮食播种面积，提高了粮食产量"，要"加大对粮食生产的支持和保护。加大补贴力度，完善补贴方式……"
	活动 A9：2011 年 3 月，财政部发布消息称，我国主产区粮食风险基金地方配套全面取消。这有利于减轻粮食主产区财政负担，"稳定发展粮食等大宗农产品生产"。
	活动 A10：2011 年 3 月，由 CCTV-7《聚焦三农》栏目主办的"为了大地的丰收——2011 粮安天下"活动启动。记者小分队赴河南洛阳等多地采访，为夺取全年粮食丰收营造良好的舆论氛围。
	活动 A11：2011 年 9 月，全国中小学爱粮节粮教育社会实践基地建设座谈会在长沙召开。2011 年 12 月，《关于公布首批全国中小学爱粮节粮教育社会实践基地名单的通知》印发。从某种意义上讲，节粮就是增产，就是开发"无形良田"。
	活动 A12：2011 年 12 月，全国粮食生产表彰奖励大会举行。会议强调，"要把发展粮食生产摆在经济社会发展的突出位置……持续增加农业补贴资金……"
	活动 A13：每年的 10 月 16 日是世界粮食日，我国每年均要组织纪念活动。2012 年国家粮食局首次倡导干部职工自愿参加 24 小时饥饿体验活动，以更好地警醒世人"丰年不忘灾年，增产不忘节约，消费不能浪费"。
任务 T2：农民增收（活动 A14—A18）	活动 A14：2004 年中央"一号文件"专门提出促进农民增收的 22 条意见，强调"为保护种粮农民利益，要建立对农民的直接补贴制度"。
	活动 A15：2006 年中央"一号文件"八个意见中，"稳定、完善、强化对农业和农民的直接补贴政策"列于第三个意见"促进农民持续增收，夯实社会主义新农村建设的经济基础"中。
	活动 A16：2006 年 3 月，《关于对种粮农民柴油、化肥等农业生产资料支出实行综合直补的通知》发出，强调新增补贴坚持"综合算账、突出重点；一次发放、直补粮农"的原则，"把党中央、国务院对种粮农民的关怀传达到每一个农户"。
	活动 A17：2006 年 8 月，《全国农业和农村经济发展第十一个五年规划（2006—2010 年）》发布。提出要"积极探索建立中央财政对种粮农民收益综合补贴制度，建立保护农民种粮收益的长效机制"。
	活动 A18：2008 年中央"一号文件"指出，要"继续加大对农民的直接补贴力度"，增加粮食财政直接补贴。
任务 T3：粮食增产与农民增收（活动 A19—A28）	活动 A19：2007 年中央"一号文件"指出，要"健全农业支持补贴制度"。"促进粮食稳定发展、农民持续增收、农村更加和谐"是其中农业和农村工作的总体要求之一。
	活动 A20：2007 年 5 月，《关于做好 2007 年对种粮农民农资综合直补工作的通知》发出，目标是"进一步促进粮食增产、农民增收""鼓励多产粮、多调粮、产好粮，……促进粮食生产和农民增收"，坚持"产粮越多、粮食商品量越大、优质稻生产越多，得到的补贴就越多"的原则。
	活动 A21：2008 年 7 月，《国家粮食安全中长期规划纲要（2008—2020 年）》原则通过，认为实行粮食财政直接补贴政策"初步建立了发展粮食生产专项补贴机制和对农民收入补贴机制""在现有基础上中央财政要逐年较大幅度增加对农民种粮的补贴规模"。

任务 T	活动 A
	活动 A22：2008 年 10 月，《中共中央关于推进农村改革发展若干重大问题的决定》通过。要"健全农业补贴制度，扩大范围，提高标准，完善办法，特别要支持增粮增收，逐年较大幅度增加农民种粮补贴"。
	活动 A23：2009 年中央"一号文件"指出，增加粮食财政直接补贴，"千方百计保证国家粮食安全和主要农产品有效供给，千方百计促进农民收入持续增长"。
	活动 A24：2009 年 5 月，《国务院关于当前稳定农业发展 促进农民增收的意见》出台，针对"国际金融危机持续蔓延""保持农业稳定发展和农民增收困难加大"的境况，指出各地区要按规定落实好粮食财政直接补贴等政策。
	活动 A25：2009 年 8 月，《关于进一步完善农资综合补贴动态调整机制的实施意见的通知》印发，坚持"价补统筹、动态调整、只增不减"的基本原则，"促进粮食生产稳定发展，保护农民种粮积极性"。
	活动 A26：2010 年中央"一号文件"指出，坚持与增加粮食财政直接补贴，"稳粮保供给、增收惠民生"。
	活动 A27：2011 年 9 月，《全国农业和农村经济发展第十二个五年规划》发布，指出要完善粮食财政直接补贴政策，"建立更加有效促进农业生产发展和农民增收的农业补贴机制。新增补贴向粮食等主要农产品倾斜，向产量高、商品量大的地区倾斜"。
	活动 A28：2012 年中央"一号文件"指出，加大粮食财政直接补贴，"奋力夺取农业好收成，合力促进农民较快增收"。
任务 T4：完善粮食财政直接补贴体系（活动 A29—A35）	活动 A29：2004 年国家粮食局软科学评委会公布软科学课题研究方向，"完善直接补贴"是其主要内容之一。
	活动 A30：国家粮食局每年均召开全国粮食政策法规工作座谈会/全国粮食系统政策法规工作会议。如何设计粮食财政直接补贴方案、切实落实粮食补贴政策和提高补助经费标准等是研讨、交流和报告等的部分内容。
	活动 A31：中国粮食行业协会等定期举办"中国粮食论坛/中国粮食市场论坛"，粮食政策方面的内容经常是演讲嘉宾的报告主题，例如"当前粮食形势和粮食政策""实行最低收购价政策的新形势下，粮食流通市场发展与展望"分别是第十一届中国粮食论坛两个嘉宾的演讲主题。
	活动 A32：我国定期举行全国粮食系统先进集体和劳动模范（先进工作者）表彰大会，激发全国粮食系统广大干部职工的积极性和创造性。在受表彰的单位与个人中，有为完善粮食财政直接补贴体系做出突出贡献。比如 2010 年 12 月，全国 87 个单位、129 名个人受到表彰。
	活动 A33：2010 年 12 月，《全国粮食行业中长期人才发展规划纲要（2011—2020 年）》印发。强调"大力推进粮食宏观调控体系人才队伍建设"，这实际是与完善粮食财政直接补贴体系密切相关的。
	活动 A34：2011 年 6 月，入世十周年与中国农业发展研讨会召开。会议认为要"坚持加强农业现实保护和加强政策空间保护相结合的理念"。
	活动 A35：2012 年 2 月，《关于〈粮食法（征求意见稿）〉公开征求意见的通知》印发。第十八条规定，"国家建立健全粮食生产补贴、奖励和对重点地区、重点粮食品种的价格支持制度……"

3.2.2 "实际实施的和谐主题"的辨识结果：增产为首要，增收为主要

图 3-2 是根据表 3-3 中所述内容所作的粮食财政直接补贴体系在 2004—2012 年的任务和主要活动的关系图。从图 3-2 可以看出，这一阶段粮食财政直接补贴体系的工作重心比较清晰，为"促进粮食增产与农民增收，增产为首要，增收为主要"（即"实际实施的 HT"），因为"任务 T1：粮食增产"中的"活动"（13 个）明显比"任务 T2：农民增收"的"活动"（5 个）多；更有说服力的是，在"任务 T3：粮食增产与农民增收"的诸多"活动"中，一般的表述均为"粮食增产"在前、"农民增收"在后，而活动 A20、A27 等的表述（产粮越多则补贴越多、新增补贴向产量高的地区倾斜）尤其体现了"粮食增产"为首要任务。然而，当时粮食财政直接补贴体系的 HT 应当是什么？是否和实际做的事情一致呢？下文将根据这一阶段基于和谐管理理论的环境、组织与领导的分析，判定当时"理应执行的 HT"是什么。

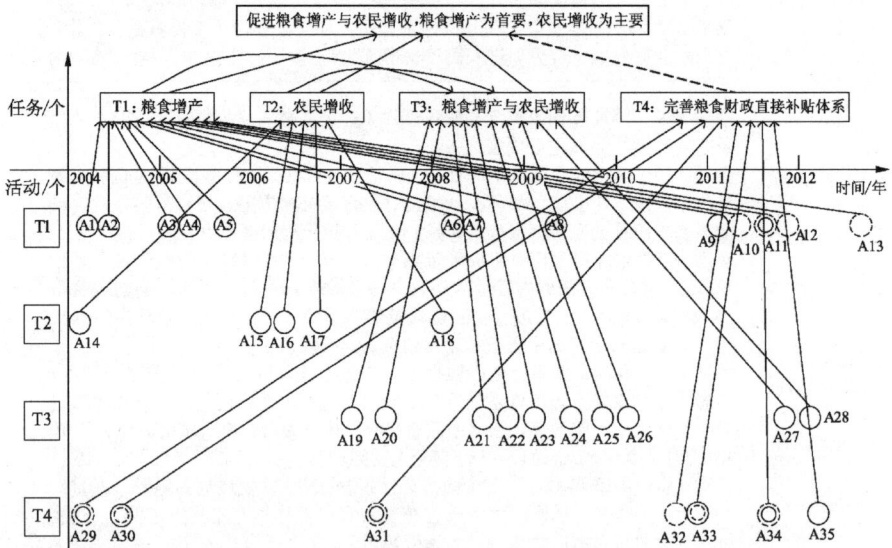

说明：实线圆圈 ○，代表谐则方面的活动；
　　　虚线圆圈 ○，代表则方面的活动；
　　　外实内虚圆圈 ◎，代表以谐为主、以和为辅的活动；
　　　外虚内实圆圈 ◎，代表以和为主、以谐为辅的活动；
　　　任务与任务之间的实线箭头的出发点，代表直接性基础工作；
　　　任务与任务之间的虚线箭头的出发点，代表间接性基础工作。

图 3-2　2004—2012 年粮食财政直接补贴体系活动、任务网络关系图

3.3 基于 EOL 模型的粮食财政直接补贴"理应执行的和谐主题"的判定

和谐管理理论认为[4-5]：组织在其发展的不同阶段，均有其生存的特有环境并受环境的深刻影响，并均有其内在特征显示组织特色，领导面对一定的环境和组织现实，对各种错综复杂的情况进行判断和决策，从而提炼出组织在某一阶段"理应执行的和谐主题"，因此环境 E、组织 O 和领导 L 是 HT 分析模式中不可或缺的三要素，这三要素构成 EOL 模型（如图 3-3 所示）。HT 与 EOL 的匹配程度，关系到组织在特定阶段有没有"做正确的事"，组织的运行与绩效均与此密切相关。就"粮食财政直接补贴"而言，对于 E（环境），本书主要扫描了 2004 年前后国内环境中的粮食产量、农民收入、国家财力等状况，国外环境则围绕 WTO 相关规则的要求开展分析；对于 O（组织），本书主要指粮食财政直接补贴体系，研究四项补贴的历史数据及其演化；对于 L（领导），本书主要指粮食财政直接补贴政策的制定者，关注其变更情况及在任时观点和理念的变化。

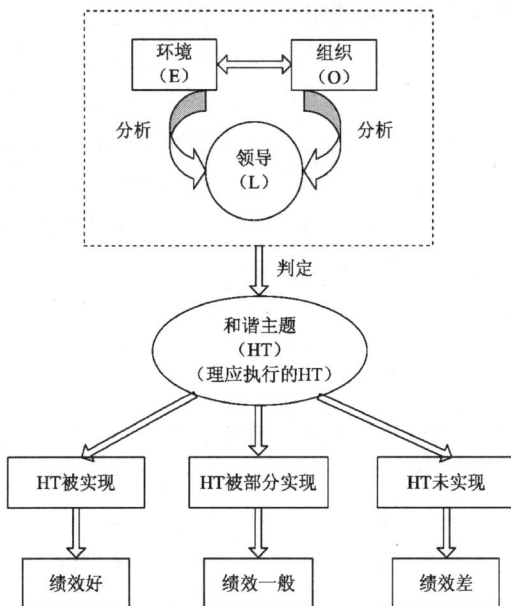

图 3-3 基于 EOL 判定的"理应执行的和谐主题"的概念模型

3.3.1 "E"分析

（1）粮食总产量在现行粮食补贴政策实施前呈现快速下降趋势

自20世纪90年代以来我国工业化和城镇化步伐不断加快，与此同时粮食面积则加速减少，2003年降至新中国成立以来的历史最低点（99 410千公顷）；加之很多农民选择外出务工或者将种粮当作"副业"，我国粮食总产量从1999年开始基本呈现下降趋势，到2003年跌至20世纪90年代以来的谷底，粮食产量仅为43 070万吨，比1998年减少了8 160万吨。针对上述情况，国家从2004年开始及时出台了一系列粮食补贴政策，以刺激粮食生产，保障农民收益，确保粮食安全。

（2）城乡收入差距在现行粮食补贴政策实施前不断拉大

改革开放以来，在我国国民经济持续高速发展的同时，城乡经济、社会差距越来越大也成为不容忽视的事实。无论是从名义收入还是从实际收入看，农民收入均出现了持续减缓趋势。特别是从1985年以来的近20年，不管粮食总产量增长与否，农民纯收入增长速度均呈现单边下滑态势[221]。面对以上境况，2004年以来，国家将原来的流通环节补贴改为对农民的直接补贴，这样农民从间接受益转变为直接受益；中央"一号文件"也多次明确要加大粮食补贴力度，以促进农民增收。

（3）国家具备了以工哺农的实力

日本在二战前以农养工，1956年开始工农自养，20世纪60年代初转向以工哺农，当时日本人均GDP约为800美元；韩国1962年以农养工，1974年工农自养，后迅速进入以工哺农，当时人均GDP也约为800美元[222]。《中国统计年鉴》（2005）显示，2003年我国人均GDP首次突破1 000美元，2004年已达1 269美元，当年我国财政收入为26 396.47亿元。2004年中央经济工作会议强调，"我国现在总体上已到了以工促农、以城带乡的发展阶段"。上述情形发出的信号是：中国正在向以工哺农的阶段转变，且实施"粮食财政直接补贴"具有可行性。

（4）遵循WTO相关规则的要求

2001年12月，我国加入WTO。WTO《农业协议》鼓励各成员国减少使用"黄箱"政策（"黄箱"政策会产生较大贸易与价格扭曲），尽量采取"绿箱"政策（"绿箱"政策没有或仅有最微小的贸易扭曲）和其他与农业生产不挂钩的收入支持措施。我国原有的通过支付给流通企业来实现对农民间接补贴的做法，是与WTO规则相悖的；对农民直接补贴属于"绿箱"政策，将日渐成为主流，是我国粮食补贴政策的必由之路。

3.3.2　"O"分析

(1)"粮食财政直接补贴"是粮食财政补贴政策体系的主要部分

我国已初步形成粮食直接补贴、良种补贴、农机具购置补贴、农资综合补贴及粮食最低收购价等政策相结合的粮食财政补贴政策体系,而前四项构成粮食财政直接补贴政策体系,是粮食财政补贴政策体系的主要部分。其中,粮食直接补贴从产出品价格角度、农资综合补贴从投入品价格角度保障种粮农民收入,两者均属于综合性收入补贴政策;良种补贴从粮食品质角度、农机具购置补贴从粮食生产效率角度提升粮食竞争力,两者则属于生产性专项补贴政策。

(2)"粮食财政直接补贴"逐年增加,农资综合补贴成为其"主力军"

近年来,国家财政用于粮食补贴的支出逐年增加(如表3-4所示),总体上看,四项补贴合计从2004年的145.2亿元快速增加到2012年的1 643亿元,不到10年却增长了10余倍。分项目分析,粮食直接补贴近6年来稳定在151亿元;良种补贴近4年在200亿元左右波动;农机具购置补贴近2年以约20%的增幅上升,2012年超过200亿元关口;在粮食生产成本持续上升背景下,农资综合补贴的力度越来越大,2012年突破1 000亿元大关,除了2006年农资综合补贴首次实施外,其他年份其在"粮食财政直接补贴"中的比重均保持在60%左右,说明作为综合性收入补贴之一的农资综合补贴成为粮食财政直接补贴的"主力军"。

表3-4　2004—2012 年国家财政用于粮食补贴的支出

年份	粮食直接补贴 (亿元)	良种补贴 (亿元)	农机具购置补贴 (亿元)	农资综合补贴 (亿元)	粮食财政直接补贴 暨四项补贴合计 (亿元)
2004	116	28.5	0.7	无	145.2
2005	132	38.7	3.0	无	173.7
2006	142	41.5	6.0	120	309.5
2007	151	66.6	20.0	276	513.6
2008	151	123.4	40.0	716	1 030.4
2009	151	198.5	130.0	795	1 274.5
2010	151	204.0	154.9	716	1 225.9
2011	151	220.0	175.0	860	1 406.0
2012	151	199.0	215.0	1 078	1 643.0

資料来源:2004—2006 年四项补贴合计,根据《中国粮食发展报告》(2005—2007)相关数据整理、计算得出;2007—2012 年四项补贴合计,根据《中国农村统计年鉴》(2013)相关数据整理得出。每年分类数据,根据历年《中国粮食发展报告》《中国农村统计年鉴》《中国财政年鉴》、公开新闻等相关数据甄选、整理、计算得出。

3.3.3 "L"分析

（1）"理应执行的 HT" 未因部分领导的变更出现被替代、被更迭的状况

粮食财政直接补贴政策绝大多数是由国务院、财政部、国家发改委、农业部、国家粮食局、中国农业发展银行等机构或部门①单独或联合制定与发布的。2004—2012 年，这些机构或部门的主要领导更迭情况如下：① 国务院总理：温家宝；② 财政部部长：金人庆、谢旭人（2007年 8 月任职）；③ 国家发改委主任：马凯、张平（2008 年 3 月任职）；④ 农业部部长：杜青林、×××②（2006 年 12 月任职）、韩长赋（2009年 12 月任职）；⑤ 国家粮食局局长：聂振邦、任正晓（2012 年 3 月任职）；⑥ 中国农业发展银行行长：何林祥、郑晖（2004 年 8 月任职）。

和谐管理理论认为[4-5]：重要领导的变更，往往会带来 HT 的变化。在 EOL 视角下，粮食财政直接补贴政策在动态演进的过程中，其"理应执行的 HT"的责任主体是"①~⑥"等机构或部门组成的"智囊团"，虽然2004—2012 年上述"②~⑥"等机构或部门的领导有变更，但"①"即"智囊团主席/队长"没有变更，因此可以认为 2004—2012 年"理应执行的 HT"没有出现被替代、被更迭的状况（但"实际实施的 HT"，可能会由于上述部分机构或部门的领导变更或其他原因发生偏向）。

（2）分析领导在任时观点和理念的变化，显示"增产"与"增收"的地位等同

由于领导的主观特征如认知过程、思维特性和主观愿望对 HT 的判定发挥着重要影响[4-5]，因此，除了关注领导变更的情况外，还需要考察领导在任时观点和理念的变化。考虑到 2004—2012 年温家宝总理是上文所指的粮食财政直接补贴政策的智囊团主席/队长，本书以温总理所作的国务院政府工作报告（2004—2012）为例（如表 3-5 所示）进行分析，为判定"理应执行的 HT"提供支撑。

从表 3-5 可以看出，在 2004—2012 年的国务院政府工作报告中，每

---

① 2018 年 3 月，国务院机构改革方案公布，根据该方案，改革后，国务院正部级和副部级机构分别减少了 8 个和 7 个，除国务院办公厅外，国务院设置组成部门 26 个。其中，在国务院组成部门调整中，组建农业农村部，不再保留农业部……；在国务院其他机构调整中，组建国家粮食和物资储备局，不再保留国家粮食局……。本书根据研究的时间段，保留了机构或部门的原名称（如农业部、国家粮食局等）。

② 由于特殊原因，这里隐去姓名。

年均有"增产"和"增收"两词或者同义表述,有时"增收"在前、"增产"在后(如2004年),有时"增产"(或者"增产"的同义表述)在前、"增收"(或者"增收"的同义表述)在后(如2005—2012年),加之2008年报告中"把促进粮食增产和农民增收作为首要任务",说明温总理认为"增产"与"增收"的地位是等同的,没有孰重孰轻之分。并且,除了第一年即2004年"粮食财政直接补贴"刚刚开始实施外,以后每年均强调要"增加"粮食财政直接补贴,可见温总理对"粮食财政直接补贴"的重视与支持力度。

表3-5 2004—2012年温家宝同志在政府工作报告中
关于"粮食财政直接补贴"等的主要观点和理念

年份	主要观点和理念
2004	实现农民增收和农业增产……对种粮农民实行直接补贴……加强农业生产资料价格监管,保护农民利益……扩大农作物良种补贴范围和规模。
2005	实现粮食稳定增产、农民持续增收,从多方面加大支持力度……继续对种粮农民实行直接补贴,增加良种补贴和农机具购置补贴……
2006	促进粮食生产稳定发展和农民持续增收……进一步增加对农民的种粮直接补贴、良种补贴、农机具补贴……
2007	稳定发展粮食生产……多渠道增加农民收入……增加对种粮农民的直接补贴、良种补贴、农机具购置补贴和农业生产资料综合补贴。
2008	把促进粮食增产和农民增收作为首要任务……促进农业发展和农民增收……增加粮食直补、农资综合直补。扩大良种补贴规模和范围。增加农机具购置补贴种类,提高补贴标准,从今年起农机具购置补贴覆盖到所有农业县。
2009	促进农业稳定发展和农民持续增收……要进一步增加农业补贴……继续增加粮食直补。加大良种补贴力度,提高补贴标准……农机具购置补贴覆盖到全国所有农牧业县(场)……根据农资价格上涨幅度和农作物播种面积,及时增加农资综合补贴。
2010	促进农业稳定发展和农民持续增收……继续实施对种粮农民直接补贴,增加农资综合补贴、良种补贴、农机具购置补贴……
2011	确保农产品供给,多渠道增加农民收入……财政支出重点向农业农村倾斜,确保用于农业农村的总量、增量均有提高……继续增加对农民的生产补贴……
2012	促进农业稳定发展和农民持续增收……继续开展粮食稳定增产行动……农业补贴要继续增加总量,提高标准,扩大范围,完善机制……实施新10年农村扶贫开发纲要……

资料来源:国务院政府工作报告(2004—2012)(中华人民共和国中央人民政府网站:http://www.gov.cn/)。

2012年10月2日，联合国粮农组织向温家宝总理颁发"农民"奖章，这代表了国际社会充分认可温总理"在促进粮食生产、消除贫困等方面作出重要贡献"（即"增产"与"增收"两方面均成就显著）。

3.3.4 "理应执行的和谐主题"的判定结果：增产与增收应并举

根据上文对环境E、组织O和领导L的分析，在实施现行粮食补贴政策前，粮食产量与农民收入双双出现严重问题，在国家具备以工哺农的实力并遵循WTO相关规则实施新政策后，无论是生产性专项补贴还是综合性收入补贴，国家补贴的力度均在逐年上升且后者的强度还要大一些。特别值得一提的是，2008年温家宝总理在第十一届全国人民代表大会第一次会议上作政府工作报告时提到"把促进粮食增产和农民增收作为首要任务"，说明"增产"与"增收"是同等重要的。

关于"增产"与"增收"间相互影响关系的理论探讨，已有一些相关的研究成果。从国外看，Hayami & Ruttan（1985）[223]是增产与增收协调论的代表人物，认为发展中国家要想同时实现增长和公平，发展更富有生产力的技术已经成为一个必要条件。约翰逊（2004）[224]也持类似观点，指出农业生产率的提高有利于农业生产的发展和农民收入的增加。在我国，彭晓矛（1992）[225]和柯炳生（1993）[226]是较早提出增产与增收应协调的学者，前者认为受增产不增收影响最大的最终将是城镇居民、工业和整个国民经济；后者强调对产量目标和收入目标进行协调的意义在于：产量目标和收入目标都非常重要，在我国的具体情况下，两个目标均不可忽视；产量目标与收入目标的协调并不是一件容易的事情。高帆（2005）[227]指出，通过制度和技术改进使粮食供给的增加能够伴随需求的扩展，增产与增收能走向一致和高水平均衡。也就是说，其认同上述国外学者的观点。吴连翠（2011）[173]主要采用实地调查法，依据安徽省的农户调查资料，采用数学规划方法，构建农户模型，模拟研究粮食补贴政策在不同情景条件下对增产和增收的促进效应。模型结果显示促进效应随着补贴标准、农产品价格及土地经营规模的提高而明显增强。而张淑萍（2011）[228]则主要运用统计分析法，强调粮食生产与农民收入协同，并不局限于农业内部资源配置效率的提升和农民农业收入增长，还与粮食政策及宏观经济环境关系密切。促进粮食增产与农民收入增长协同的制度创新的思路之一是：健全粮食政策体系，增强政府对粮食产业支持与农民收入保护的力度。从上述研究成果可知，增产与增收是能够协调和协同的，如果对增产高度强调而忽视增收，当增收出现问题时，人们又不得不大大提高对收入问题的重视程度[226]。在两者的协同过程中，当前"粮食财政直接补贴"的完善已经成为一个不容忽视的因素。

因此，通过扫描 EOL 和分析已有研究成果，得知增产与增收的协调及协同在实践中虽不易但可行，由此可以得出粮食财政直接补贴体系在 2004—2012 年"理应执行的 HT"应当是"促进粮食增产与农民增收，增产与增收应并举"。

可见，基于 EOL 分析出来的"理应执行的 HT"（促进粮食增产与农民增收，增产与增收应并举）与前文辨识的"实际实施的 HT"（促进粮食增产与农民增收，增产为首要，增收为主要）有差别（仅部分一致），并且，"实际实施的 HT"中由于"增收"与"增产"的地位不等，"增收"的实现力度可能会受到影响，这需要在下文对其绩效进行检验。

3.4　粮食财政直接补贴的和谐管理分析及绩效评价

根据和谐管理理论的技术和方法，和谐管理分析及绩效评价是围绕"实际实施的 HT"来进行的。

3.4.1　粮食财政直接补贴的和谐管理分析

和谐管理理论指出[4-5,51]：社会系统的复杂性其实主要是由"人的复杂性"与"物的复杂性"这两个方面构成的，认为应对复杂性问题可从"和则"与"谐则"视角进行。对于那些不可用规定性路径解决的问题（如来自人的认知、意愿和能力的不确定性），主要通过诱导的方式来消减和利用不确定性，即"诱导演化机制"，其起作用的机理称为"和则"；对于那些可通过确定的、规定性的路线来明确的问题（如组织结构、流程和制度的设计），主要用设计和优化的思想去应对，即"设计优化机制"，其起作用的机理称为"谐则"。组织的管理体系是"诱导演化"与"设计优化"在一定条件下相互耦合的结果[36]。

2004—2012 年，为了完成"实际实施的 HT"及其 HT 之下的任务集（表 3-3 中的任务 T1 ~ T4），"粮食财政直接补贴"与"和"相关的管理主要有：为粮食增产营造舆论氛围（表 3-3 中的活动 A10）；设立爱粮节

粮教育基地，树立节粮就是增产的理念（A11）；举行粮食生产表彰大会
（A12、A32）；开展世界粮食日纪念活动（A13）；开展粮食补贴政策方
面的课题研究（A29）；举办粮食论坛与研讨会等（A31、A34）。与
"谐"相关的管理主要有：以意见（A1、A3、A4、A5、A14、A15、A18、
A19、A23、A24、A26、A28）、通知（A2、A16、A20、A25、A35）、方
案（A7）、规划（A8、A17、A21、A27、A33）、决定（A22）等形式，
对"粮食财政直接补贴"的体系、结构、流程、配置、规定、方法等进
行改进与优化。这些管理措施的实施说明，当不确定性较高时，"粮食财
政直接补贴"倾向于采用"和"的方法来处理管理问题；而当不确定性
较低时，其则倾向于采用"谐"的方法来处理管理问题；基本没有出现
应该采用"和则"却采用"谐则"或者应该采用"谐则"却采用"和
则"等不一致的情形。

　　为了更直观地分析"实际实施的 HT"与"和则""谐则"的一致
性，遵循和谐管理理论的技术和方法[5]，用图 3-4 的下层（即阴影部分）
表示粮食财政直接补贴体系的主要活动，活动与活动之间借助有向图的
形式，课题组经过研讨从这些活动中提炼出若干核心活动。依据和谐管
理理论，分析核心活动与 HT 的一致性关系可以反映"和则""谐则"与
"实际实施的 HT"的一致/不一致的关系。

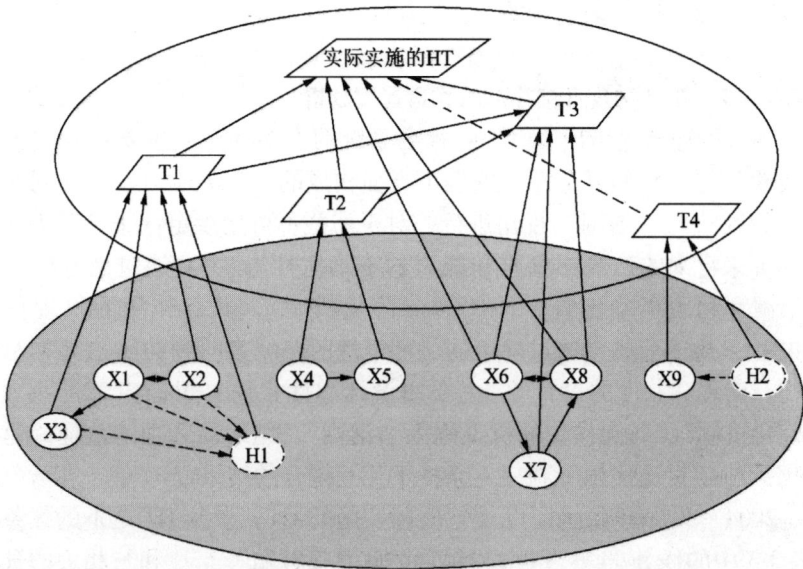

图 3-4　粮食财政直接补贴"实际实施的和谐主题"与"和则""谐则"一致性的网络图

由表 3-3 可知，"粮食财政直接补贴"的主要活动一共是 35 个，我们从中提炼出 11 个核心活动（A1、A4、A9、A12、A14、A18、A20、A22、A27、A30、A31），并对其按照以"和则"为基础的活动（H）和以"谐则"为基础的活动（X）进行了分类与编号：X1（A1）、X2（A4）、X3（A9）、X4（A14）、X5（A18）、X6（A20）、X7（A22）、X8（A27）、X9（A30），H1（A12）、H2（A31）。

从图 3-4 可以看出 2004—2012 年"粮食财政直接补贴"进行管理活动的总体情况。比如：活动 X1 与 X2 相互影响（指粮食直接补贴方面），X1 为 X3 的实施提供直接支撑（指粮食风险基金方面），X1、X2、X3 均间接地为 H1 的开展提供支持（指粮食生产方面），X1、X2、X3、H1 都指向了 T1（粮食增产）这个任务。又如：中国粮食行业协会的主管单位之一是国家粮食局，前者所办粮食论坛等的成果在一定程度上可为后者制定相关粮食政策法规提供智力支持与参考，因此 H2 是 X9 的间接性基础，指向了 X9。其他活动之间的关系，也清晰地反映在图 3-4 中。需要关注的是，X6 和 X8 不仅相互影响并指向 T3（粮食增产与农民增收），而且均直接为"实际实施的 HT"服务。我们不难发现，T1（粮食增产）、T2（农民增收）、T3（粮食增产与农民增收）都是 HT 的直接性基础，而 T4（完善粮食财政直接补贴体系）间接地为 HT 提供服务。

因此，在 2004—2012 年这个阶段，"粮食财政直接补贴"的主要活动是围绕着"促进粮食增产与农民增收，粮食增产为首要，农民增收为主要"进行的，"实际实施的 HT"和它所进行的主要活动达到了一定程度上的统一，也就是说"实际实施的 HT"与"和则""谐则"是基本一致的，基本在"正确地做事"。

3.4.2 粮食财政直接补贴的产量与收入效应评价

和谐管理理论认为[4-5]：组织围绕 HT 运用和则、谐则所建立起来的和谐机制，最终着眼点在于绩效的提高。绩效是检验"实际实施的 HT"与 EOL 一致性的重要判据，若一致，说明"实际实施的 HT"的选择是正确的。本书主要围绕粮食产量和农民收入两个效应来分析"粮食财政直接补贴"的绩效，也进一步阐明 2004—2012 年"粮食财政直接补贴"实际的效果究竟如何。

3.4.2.1 粮食财政直接补贴的产量效应

（1）描述性分析

粮食总产量方面，从1999年开始我国粮食总产量基本呈现下降趋势，到2003年跌至谷底（43 070万吨，如表3-6所示），仅为1998年产量的84.1%。2004年粮食补贴政策实施之后，粮食总产量开始回暖，2004年增长率为9.0%，绝对增长量为3 877万吨；2006年农资综合补贴开始实施，2007年粮食总产量再次突破5亿吨大关；2008年农资综合补贴大幅提高（增幅为2007年的1.6倍），2008年粮食总产量超过历史最高水平（1998年），达到52 871万吨。2004—2012年，"粮食财政直接补贴"在提高粮食产量方面取得了较为显著的成效，粮食总产量实现"九连增"。

表3-6 1998—2012年粮食总产量变化表

年份	粮食总产量（万吨）	增长量（万吨）	增长率（%）
1998	51 230	1 813	3.7
1999	50 839	− 391	− 0.8
2000	46 218	− 4 621	− 9.1
2001	45 264	− 954	− 2.1
2002	45 706	442	1.0
2003	43 070	− 2 636	− 5.8
2004	46 947	3 877	9.0
2005	48 402	1 455	3.1
2006	49 804	1 402	2.9
2007	50 160	356	0.7
2008	52 871	2 711	5.4
2009	53 082	211	0.4
2010	54 648	1 566	3.0
2011	57 121	2 473	4.5
2012	58 958	1 837	3.2

资料来源：根据《中国农村统计年鉴》（2013）相关数据整理、计算得出。

（2）回归分析

以粮食总产量为研究对象，结合"粮食财政直接补贴"实际情况，依据表3-7对"粮食财政直接补贴"的产量效应的关键影响因素辨识，选择2004—2012年的相关数据（粮食总产量 Y_1、粮食财政直接补贴 X_{11}、粮食面积 X_{12}、第一产业就业人员数 X_{13}、受灾率 X_{14}、化肥施用量 X_{15}）如表3-8所示。为了更好地拟合解释变量对被解释变量的影响，在做数据处理时对变量取了对数（下同）。利用 Stata10.0 软件做回归分析，结果如表 3-9 所示。

表 3-7　产量效应的关键影响因素辨识

因素辨识来源	信息提取与精炼	辨识的因素
臧文如，2012[186]；龙方、卜蓓，2013[154]；吴连翠、谭俊美，2013[229]；本书上文的描述性分析	粮食财政直接补贴政策是国家重要的农业政策，其重要目标之一是促进粮食增产。它是调动农民积极性、增加粮食产量的有效途径，对促进粮食增产的潜力和空间很大。粮食财政直接补贴涵盖粮食直接补贴、良种补贴、农机具购置补贴、农资综合补贴。从本书上文的描述性分析来看，2004 年开始实施的粮食财政直接补贴，成为粮食总产量增长由负转正的重要分水岭。	粮食财政直接补贴
傅泽强、蔡运龙、杨友孝，等，2001[230]；严士清、徐敏，2005[231]；李振声，2008[232]	粮食面积的增减变化对粮食生产起强约束作用。在一个地区所能承担的最大耕地面积一定的条件下，适当提高粮食面积在耕地中的比重，粮食总产量将会提高。粮食面积与粮食总产量之间具有较高的相关系数，互动效应明显。要守住全国耕地不少于 18 亿亩和粮食面积不少于 16 亿亩这两条红线。	粮食面积
Ahituv & Kimhi，2002[233]；陈祺琪、李君、梁保松，2012[234]；龙方、卜蓓，2013[154]	粮食总产量的提高在很大程度上依赖于人力等要素投入的增加，在影响粮食产量因素的关联序中，农业劳动力数量因素名列前茅。但有研究表明中国农业劳动力的转移会增加农业的资本投入，提高劳动生产率，反而有利于粮食安全。考虑到上述情况及农业劳动的季节性等因素，农业劳动力投入量仍可能是影响粮食产量的重要因素。	第一产业就业人员数
Yeo，1998[235]；李茂松、李章成、王道龙，等，2005[236]；刘宏宏、郭迎新、秦大庸，等，2011[237]	中国是世界上遭受自然灾害最为严重的国家之一，灾害种类多，受灾面积广，成灾比例大。极端气候等引发的自然灾害是影响粮食生产的最主要因素之一。以干旱等极端气候为例，其预计将导致在归类为干旱、半干旱土地的比例增加，从而造成粮食产量下降。	受灾率
张利库、彭辉、靳兴初，2008[238]；王祖力、肖海峰，2008[239]；曾靖、常春华、王雅鹏，2010[240]	诺贝尔奖获得者 Borlaug 曾指出，20 世纪全世界农作物产量增加的一半，应归功于化肥的施用。化肥是粮食的"粮食"，化肥投入是影响粮食总产量增长的重要因素。但有学者指出，随着投入量的增加，化肥带来的边际效益会逐渐变小；化肥对粮食产量的正增产效应一直保持到近期才变得不显著，要尽力规避其负面效应，充分发挥其增产作用。	化肥施用量

表 3-8　2004—2012 年粮食总产量及其相关影响因素数据

年份	粮食总产量 Y_1（万吨）	粮食财政直接补贴 X_{11}（亿元）	粮食面积 X_{12}（千公顷）	第一产业就业人员数 X_{13}（万人）	受灾率 X_{14}（%）	化肥施用量 X_{15}（万吨）
2004	46 947	145. 2	101 606	34 830	24. 16	4 636. 6
2005	48 402	173. 7	104 278	33 442	24. 97	4 766. 2
2006	49 804	309. 5	104 958	31 941	27. 01	4 927. 7
2007	50 160	513. 6	105 638	30 731	31. 92	5 107. 8
2008	52 871	1 030. 4	106 793	29 923	25. 59	5 239. 0
2009	53 082	1 274. 5	108 986	28 890	29. 77	5 404. 4
2010	54 648	1 225. 9	109 876	27 931	23. 29	5 561. 7
2011	57 121	1 406. 0	110 573	26 594	20. 01	5 704. 2
2012	58 958	1 643. 0	111 205	25 773	15. 28	5 838. 8

资料来源：根据表3-4、表3-6 及《中国农村统计年鉴》（2013）相关数据整理、计算得出。

表 3-9　粮食财政直接补贴等因素对粮食总产量影响的回归结果

Y_1	Coef.	Std. Err.	t	P >	t		[95% Conf. Interval]	
X_{11}	0. 039 641	0. 006 810 4	5. 82	0. 010	0. 017 967 4	0. 061 314 6
X_{12}	0. 618 323 9	0. 223 538 4	2. 77	0. 070	− 0. 093 075 1	1. 329 723
X_{13}	− 1. 021 638	0. 196 086 9	− 5. 21	0. 014	− 1. 645 674	− 0. 397 602 4
X_{14}	− 0. 083 399 3	0. 008 922 5	− 9. 35	0. 003	− 0. 111 794 7	− 0. 055 003 8
X_{15}	− 1. 162 003	0. 317 867 3	− 3. 66	0. 035	− 2. 173 598	− 0. 150 407
_ cons	24. 190 73	4. 511 547	5. 36	0. 013	9. 832 978	38. 548 49
R − squared = 0. 999 4；F(5 ,3) = 1 038. 39；Durbin − Watson d − statistic(6 ,9) = 2. 658 666						

根据表3-9，可以得到模型的估计结果为：

$$Y_1 = 24.\,190\,73 + 0.\,039\,641X_{11} + 0.\,618\,323\,9X_{12} - 1.\,021\,638X_{13} -$$
$$0.\,083\,399\,3X_{14} - 1.\,162\,003X_{15}$$

可见模型较为理想：粮食财政直接补贴 X_{11} 对粮食总产量 Y_1 的影响是显著的，粮食财政直接补贴每增加 1 个百分点，粮食总产量将提升 0. 039 641个百分点，粮食财政直接补贴的增产效应明显；模型的拟合优度 R^2 较高，被解释变量 Y_1 的变动中，99. 94%都可以被 5 个解释变量所解释，模型整体的解释能力较强。需要关注的是，由于受到边际报酬递减规律、当前不合理施肥量及落后施肥技术等因素的共同影响，化肥施

用量 X_{15} 对粮食总产量 Y_1 的回归系数转为负数，说明要高度重视科学施肥，优化用肥结构，有效防止土壤肥力的流失与衰减，促进粮食稳产。

3.4.2.2 粮食财政直接补贴的收入效应

（1）描述性分析

我国人均粮食补贴从 2004 年的 41.7 元快速增长到 2012 年的 637.5 元（如表 3-10 所示），2012 年是 2004 年的 15.3 倍；人均粮食补贴占农村居民人均纯收入的比重也在持续提升，但由于总体规模偏小，其对纯收入的贡献度较弱，近五年徘徊在 7% 至 8% 之间，增收作用不明显。

表 3-10 人均粮食补贴变化表

年份	粮食补贴合计数（亿元）	第一产业就业人员数（万人）	人均粮食补贴（元）	农村居民人均纯收入（元）	粮食补贴占纯收入比重（%）
2004	145.2	34 830	41.7	2 936.4	1.4
2005	173.7	33 442	51.9	3 254.9	1.6
2006	309.5	31 914	97.0	3 587.0	2.7
2007	513.6	30 731	167.1	4 140.4	4.0
2008	1 030.4	29 923	344.4	4 760.6	7.2
2009	1 274.5	28 890	441.2	5 153.2	8.6
2010	1 225.9	27 931	438.9	5 919.0	7.4
2011	1 406.0	26 594	528.7	6 977.3	7.6
2012	1 643.0	25 773	637.5	7 916.6	8.1

资料来源：粮食补贴合计数，来源于表 3-4。其他数据，根据《中国农村统计年鉴》（2013）相关数据整理、计算得出。

我国人均农业收入总体上呈上升趋势，2004 年约为 1 000 元，2012 年就突破 2 000 元关口（如表 3-11 所示）。然而，人均农业收入占农村居民纯收入的比重从 2004 年的 36.0% 下降到 2012 年的 26.6%，下降了近 10 个百分点。2010—2012 年，人均粮食补贴与人均农业收入的合计占人均纯收入的比重也在下滑，2012 年仅相当于人均纯收入的约 1/3。可见，"粮食财政直接补贴" 对农民收入的贡献程度还很低。

表 3-11　人均农业收入变化表

年份	人均农业收入（元）	农村居民人均纯收入（元）	农业收入占纯收入比重（%）	人均粮食补贴（元）	粮食补贴与农业收入合计占纯收入比重（%）
2004	1 056.5	2 936.4	36.0	41.7	37.4
2005	1 097.7	3 254.9	33.7	51.9	35.3
2006	1 159.6	3 587.0	32.3	97.0	35.0
2007	1 303.8	4 140.6	31.5	167.1	35.5
2008	1 427.0	4 760.6	30.0	344.4	37.2
2009	1 497.9	5 153.2	29.1	441.2	37.6
2010	1 723.5	5 919.0	29.1	438.9	36.5
2011	1 896.7	6 977.3	27.7	528.7	34.8
2012	2 106.8	7 916.6	26.6	637.5	34.7

资料来源：根据《中国农村统计年鉴》（2005—2013）相关数据整理、计算得出。

（2）回归分析

以人均农业收入为研究对象，依据表 3-12 对"粮食财政直接补贴"的收入效应的关键影响因素辨识，选择 2004—2012 年的相关数据（人均农业收入 Y_2、粮食财政直接补贴 X_{21}、农业生产资料价格指数 X_{22}、农产品生产价格指数 X_{23}、粮食面积 X_{24}、受灾率 X_{25}）如表 3-13 所示。回归结果如表 3-14 所示。

表 3-12　收入效应的关键影响因素辨识

因素辨识来源	信息提取与精炼	辨识的因素
王姣、肖海峰，2006[114]；Briggeman，Gray & Morehart，等，2007[241]；钟甫宁、顾和军、纪月清，2008[157]；本书上文的描述性分析	国外有学者发现增加政府农业补贴能够显著提高农场的收益，减少了农民离开农场的可能性，降低了非农收入，提高了农业收入。但也有学者认为任何与生产有关的补贴必然转化为土地价格和地租的上升并增加投资和经营的成本，与农民作为劳动者的收入无关。对于我国来说，由于在资源禀赋方面存在差距，同样的农业政策对不同的农民可能产生不同的收入效应；如果提高补贴标准，各补贴方式下的农业收入均相应提高。从本书上文的描述性分析看，2004 年开始实施的粮食财政直接补贴，对农业收入和农村居民纯收入均具有一定的贡献度，但程度较弱。	粮食财政直接补贴

因素辨识来源	信息提取与精炼	辨识的因素
王韧，2006[242]；张翼，2008[243]；郭其友、万大艳，2013[244]	农业生产资料的价格调整与农产品生产成本的变化密切相关，农业生产资料价格的上涨会直接增加粮食生产的投入成本，对农民农业收入的提高呈现显著的负面影响。农业生产资料价格指数反映一定时期内农业生产资料价格变动的趋势和程度，指数上升会在一定程度上降低农业收入。	农业生产资料价格指数
张冬平、刘旗，2002[245]；星焱、李雪，2013[246]；苗珊珊，2014[247]	粮食生产价格在商品价格体系中发挥着重要的基础性作用，其与农民收入息息相关，不管是从短期还是长期生产福利来看，均呈现正向作用关系。大多数农民，特别是中低收入水平的农民，其收入对农产品市场变化的反应十分敏感、依赖性很强。由于粮食生产价格在有关统计资料中难以找到，因此本书以农产品生产价格指数来替代。	农产品生产价格指数
许庆、田士超、徐志刚，等，2008[248]；吴江、武晓山、赵铮，2010[249]；陈乙酉、付园元，2014[250]	土地制度因素是我国影响农民收入增长的主要因素之一，土地细碎化与农民收入水平正相关，收入的高低与其所拥有的地块数目的多少是一致变化的。粮食面积对种粮收入水平的影响非常明显，粮食面积对农业收入会产生积极影响。	粮食面积
张晓，1999[251]；巩前文、张俊飚，2007[252]；Mendelsohn, Basist & Kurukulasuriya，等，2007[253]	国外有学者通过研究美国和巴西等国家的农村，指出农业收入与气候的关联性很大，并强调结论适用于发达国家和发展中国家。在我国，自然灾害与农村贫困之间的关系明显，自然灾害特别是水灾旱灾致贫返贫的作用显著。一个地区贫困的发生是与当地农民的农业收入和灾害的影响程度有关的。	受灾率

表 3-13　人均农业收入及其相关影响因素数据

年份	人均农业收入 Y_2（元）	粮食财政直接补贴 X_{21}（亿元）	农业生产资料价格指数 X_{22}（1978 年=100）	农产品生产价格指数 X_{23}（1978 年=100）	粮食面积 X_{24}（千公顷）	受灾率 X_{25}（%）
2004	1 056.5	145.2	397.9	496.5	101 606	24.16
2005	1 097.7	173.7	430.9	503.4	104 278	24.97
2006	1 159.6	309.5	437.4	509.4	104 958	27.01
2007	1 303.8	513.6	471.1	603.6	105 638	31.92

年份	人均农业收入 Y_2（元）	粮食财政直接补贴 X_{21}（亿元）	农业生产资料价格指数 X_{22}（1978年=100）	农产品生产价格指数 X_{23}（1978年=100）	粮食面积 X_{24}（千公顷）	受灾率 X_{25}（%）
2008	1 427.0	1 030.4	566.7	688.5	106 793	25.59
2009	1 497.9	1 274.5	552.5	672.0	108 986	29.77
2010	1 723.5	1 225.9	568.5	745.5	109 876	23.29
2011	1 896.7	1 406.0	632.7	868.2	110 573	20.01
2012	2 106.8	1 643.0	668.1	892.0	111 205	15.28

资料来源：根据表3-8、表3-11及《中国统计摘要》（2013）相关数据整理、计算得出。

表3-14　粮食财政直接补贴等因素对人均农业收入影响的回归结果

Y_2	Coef.	Std. Err.	t	$P > \lvert t \rvert$	$[95\%\ Conf.\ Interval]$	
X_{21}	0.110 116 5	0.041 646 7	2.64	0.077	− 0.022 421 8	0.242 654 9
X_{22}	− 0.896 548 1	0.256 468 3	− 3.50	0.040	− 1.712 745	− 0.080 351 6
X_{23}	0.798 660 8	0.134 162 6	5.95	0.009	0.371 695 6	1.225 626
X_{24}	3.069 519	0.646 788 2	4.75	0.018	1.011 15	5.127 888
X_{25}	− 0.269 063 2	0.062 63	− 4.30	0.023	− 0.468 379 8	− 0.069 746 6
_ cons	− 27.701 35	7.399 85	− 3.74	0.033	− 51.250 98	− 4.151 724
R − squared = 0.998 6; F(5,3) = 429.82; Durbin − Watson d − statistic(6,9) = 2.099 958						

查 t 临界值表可知，在 $\alpha = 0.05$ 的显著性水平下，自由度为3的 t 分布的临界值为 $t_{0.025}(3) = 3.182$。表3-14的运行结果表明，粮食财政直接补贴 X_{21} 的 t 值2.64小于该临界值3.182，即 X_{21} 对人均农业收入 Y_2 的影响不明显，粮食财政直接补贴的增收效应不显著；而农业生产资料价格指数 X_{22}、农产品生产价格指数 X_{23}、粮食面积 X_{24}、受灾率 X_{25} 等估计变量均显著，且符号正确；R^2 为0.998 6，说明模型的拟合优度较高；DW值为2.099 958，表明模型不存在自相关问题。

3.4.2.3　增产与增收绩效评价：增产较好，增收较差

从"粮食财政直接补贴"的绩效来看，"增产"绩效较好，而"增收"绩效不太理想。这说明，在2004—2012年"实际实施的HT"——"促进粮食增产和农民增收，增产为首要，增收为主要"中，"增产"与EOL具有较高的一致性，但"增收"与EOL一致性较低，说明"实际实施的HT"的选择需要改进，管理重心也需要更精确的定位。因此，"粮

食财政直接补贴"在下一阶段应当解决好"增收"方面的问题。

3.4.3 "增收"绩效的不足与和谐主题"漂移"的迫切性

从和谐管理分析来看，粮食财政直接补贴"实际实施的 HT"与"和则""谐则"基本一致；但是，绩效评价显示，由于"增收"绩效方面的原因，"实际实施的 HT"与 EOL 的一致性程度仍不够理想，说明"实际实施的 HT"有不足之处、需要完善。上述状况虽然还没有达到"伪和谐"的情形（"伪和谐"是指"实际实施的 HT"错误，但其与"和则""谐则"匹配，达到表面上的和谐[4]），但是，存在缺陷的"实际实施的 HT"与"和则""谐则"已经形成的这一所谓的基本和谐，也容易导致粮食财政直接补贴体系逐渐陷入困境，因而其"实际实施的 HT"应当尽快"漂移"。

3.5 本章小结

本章基于和谐管理理论，从粮食年鉴大事记中甄选与归纳了 2004—2012 年粮食财政直接补贴体系中的主要活动，从而辨识出粮食财政直接补贴"实际实施的和谐主题"是"增产为首要，增收为主要"，而经过 EOL 模型判定的"理应执行的和谐主题"却为"增产与增收应并举"，对比发现两者有差别。从该阶段"粮食财政直接补贴"实施的效果看，"增产"绩效较好但"增收"绩效较差，说明 2004—2012 年粮食财政直接补贴"实际实施的和谐主题"未能解决好"增收"方面的问题，所以应尽快"漂移"。

4

粮食财政直接补贴"和则"的演化博弈分析

从第 3 章的分析可以看出，2004—2012 年粮食财政直接补贴"实际实施的和谐主题"（即"增产为首要，增收为主要"）与"理应执行的和谐主题"（为"增产与增收应并举"）的一致性程度不够理想，主要原因是"增收"方面存在缺陷，导致"实际实施的和谐主题"有不足之处，因此需要妥善解决好"增收"方面的问题。

和谐管理理论指出[4,14]：在变动的环境中，要围绕"和谐主题"的分辨，以"能动致变的演化机制"（和则）和"优化设计的控制机制"（谐则）为手段，提供问题的解决方案，"和""谐"并举形成的和谐机制在组织（系统）运行过程中不断地与"和谐主题"互动，促使组织（系统）螺旋逼近和谐状态，从而有效支持"和谐主题"（"理应执行的和谐主题"）的实现。可见，"和则"作为和谐管理理论解决管理问题的两个基本方面之一，从"和则"着手研究上述"增收"方面的问题，是至关重要的。

本章拟从刺激农民种粮积极性的视角，以农民务农时间和政府补贴相互作用的关系为出发点，构建粮食财政直接补贴"和则"的演化博弈模型，分析不同情景下的数值实验结果，关注"和则"在"增收"方面的改进与完善，以便为下一阶段"和则"最终收敛与互动的对象——"和谐主题"的动态演进打好基础。

4.1 粮食财政直接补贴"和则"的现象描述

4.1.1 粮食财政直接补贴中的"和则"释义

和谐管理理论指出[4]：社会系统的复杂性其实主要是由"人的复杂性"与"物的复杂性"这两个方面构成的，认为应对复杂性问题可从"和则"与"谐则"视角进行。和谐管理理论把"和"定义为人及人群的观念、行为在组织中的"合意"的"嵌入","嵌入"着意于人的主观性、主动性[35];"和则"是实现环境诱导下行为主体自主演化的基本原则,是对人的行为及人际关系进行协调与控制的管理机制[5,36]。

所有的管理问题都发生在以人和物为基本构成要素的系统中,任何管理问题都离不开处理组织中人与物及其之间的互动关系问题,而人在其中具有主导作用[5,36]。外部环境、物的条件等再优越,如果不注意调动人的主观性和积极性,管理问题的解决必将困难重重。

事实上,人的要素相对于物的要素最重要的特性就是人的智能性,而组织要依靠人的这一特性作为应对不确定环境和复杂问题的最终解决办法。人的能动作用可以影响系统自身和外部环境,对管理问题的产生和解决具有至关重要的作用[5,36],是推动组织前行的力量。

"和则"所要解决的核心问题在于依据行为主体的智能性特点,在组织中营造一种氛围并搭建人能够发挥作用的平台,影响行为主体选择组织所期望的行为,并最终使组织能够自主地根据环境的变化来适应和调节[5,36]。

和谐管理理论认为[5]:在任何具体的组织、社会等有人参与的系统中都存在着某种"和则"体系,这包括系统中的非正式关系、信任、非正式规范、传统、惯例、共识、信念等要素,这些要素相互联系并交织在一起,经过一定时间的积累共同构成了系统内的一种复杂网络。在复杂和不确定的状况下,系统往往由于"有限理性"而无从设计应对方案;即使在理性的范围内,虽然可以利用设计的方法加以解决,但由于经济上的不可行也限制了理性设计的正常作用。此时经过传统积累和环境诱导下的行为协调形成的"和则"体系,在很大程度上会影响整个系统的秩序,对系统应对不确定性具有重要作用。如果一个系统通过时间的积累和环境诱导下的行为协调形成了这种"和则"体系,系统往往能够充分发挥人在特定环境下解决问题的积极性和能动性,积极地应对各种复杂和不确定状况,使组织渡过难关甚至抓住机遇[5],进而提升了组织获得较高绩效的可能性。

粮食财政直接补贴"和则"作为"相关利益主体的主观能动性的发挥",主要涉及两类人群:种粮群体和政府群体。

其中,政府群体是指一个中央政府和众多地方政府的组合体,本书不考虑中央政府和地方政府之间的博弈问题,并假定中央政府和地方政府存在着一致的目标，如粮食安全、农民增收等。

4.1.2　补贴刺激农民种粮积极性在"和则"中的表现形式

种粮农民"主观能动性的发挥"是粮食财政直接补贴"和则"的重要研究内容，主要指刺激农民的种粮积极性。已有研究表明，作为刺激农民种粮积极性的手段之一，"粮食财政直接补贴"促使农民种粮积极性的提高，主要表现为以下三种形式：一是扩大种粮面积[174, 254]；二是增加资本投入[255-256]；三是增加农业劳动时间，减少非农就业时间（主要指减少外出打工的念头和时间等)[257-259]。

就上述三种形式而言，减少非农就业时间最为重要。因为就种粮面积而言，种粮面积越大，越容易形成规模经营，种粮收入可能就比较可观，从而劳动力外出打工的可能性就小，非农就业时间也相应越少[260-261]。同理，增加资本投入，也需减少非农就业时间，因为购买化肥、农药、良种、农机具等花费的时间以及参加农业技术培训的时间[262]等，一般是与非农就业时间相冲突的；以非农收入为主要收入来源的农民，对农业生产的依赖性和对农业资本投入的意愿均较低[263]。

虽然当前我国农民的经济活动是多种多样的，但为了更好地开展研究，简化模型，本书假定农民的经济活动仅分为两种：农业生产活动和非农生产活动。其中，农业生产活动仅考虑粮食生产，非农生产活动仅考虑外出打工。相应地，减少非农就业时间就会增加粮食从业时间或者说种粮时间投入。

本书假设农民的种粮时间投入是一个广义的概念，不仅仅指花在粮田上的时间（如整地、播种、除草、施肥、打药、灌溉、收割等），还包括由于粮食生产活动需要而进行的必要准备的时间（如购买化肥、农药、良种、农机具等花费的时间），以及售粮所花费的时间、参加农业技术培训的时间等。

4.1.3　农民务农时间变化的现象分析

近年来，农民花费在粮田上的用工天数（统计年鉴中一般称"每亩用工数量"）逐年减少，三种粮食平均每亩用工天数，从 2004 年的 9.97天快速下降到 2013 年的 6.17 天，2013 年仅相当于 2004 年的约 60%；2006—2013 年，雇工天数的变化并不明显，倒是家庭用工天数缩减迅速，导致了总体的每亩用工天数的降幅，如表4-1 所示。

表 4-1　三种粮食平均每亩用工天数情况

年份	家庭用工天数（日）	雇工天数（日）	每亩用工数量/天数（日）
2004	9.44	0.53	9.97
2005	9.15	0.44	9.59
2006	8.29	0.39	8.68
2007	7.79	0.39	8.18
2008	7.33	0.36	7.69
2009	6.90	0.32	7.22
2010	6.59	0.34	6.93
2011	6.49	0.30	6.79
2012	6.11	0.32	6.43
2013	5.84	0.33	6.17

注："三种粮食平均"是指稻谷、小麦、玉米平均[264]。
"用工数量"是指生产过程中生产者（包括其家庭成员）和雇佣工人直接劳动的天数[264]。
资料来源：根据《全国农产品成本收益资料汇编》（2005—2014）相关数据整理、计算得出。

根据河南省地方经济社会调查队 2012 年对河南省 40 个县（市、区）120 个乡镇 600 个农户的小麦生产成本调查（发布人：杨屹）显示：尽管考虑到机械化率提高[①]、风调雨顺等原因会使每亩用工天数减少，但还有一个不容忽视的重要原因就是家庭种粮的粗放经营加重（有的还隐性撂荒甚至抛荒）[265]、田间管理削弱或者说农民种粮的时间投入减少，导致了每亩用工天数的快速递减。

农民种粮的时间投入减少，主要原因是种粮收益低，"增收"效应不明显。农民作为理性的经济人，当自身的粮食安全（自身温饱）解决

---

① 规模化经营所引起的机械化率提高，并不必然导致每亩用工天数减少。根据河南省地方经济社会调查队 2013 年对河南省 40 个县（市、区）的 150 个粮食种植大户的抽样调查显示（发布人：范鹏）：目前土地家庭联产承包的经营体制和耕地自愿流转的原则，决定了绝大多数种粮大户经营的耕地还不能连成一片，而是分为几片甚至几十片、上百片。因此在耕种的土地还比较零碎、不能完全连成片的情况下，当规模超过一定程度时，管理难度会相应加大，尤其是在气候异常或病虫害发生较重的情况下，就需要使用较多的人员加大对农作物生产情况的巡查和管理力度、时刻关注每一片粮田，这样用工天数会不减反增。比如：50～100 亩组的亩均标准用工天数是 2.6 天，101～300 亩组和 301～500 亩组的是 1.7 天，但是 701～1 000 亩组和 1 001 亩以上组的用工天数则分别上升到 2.2 天和 2.3 天。详见河南省统计网：http://www.ha.stats.gov.cn/hntj/tjfw/tjfx/qsfx/ztfx/webinfo/2013/08/1376901333809401.htm。

后，虽然有"粮食财政直接补贴"等政策作为刺激手段，但如果比较而言种粮收益仍不高，农民就会选择改种其他经济作物、抛荒或出去打工等，不愿花费更多的时间与精力在粮田上。而政府作为提供公共利益的最主要且最重要的主体，是希望谁种粮食就把"粮食财政直接补贴"补给谁的，以发挥其保障粮食安全和促进农民增收的作用；不希望看到不种粮的人、出去打工的人，也一样拿到补贴。换言之，政府希望"粮食财政直接补贴"能真正用于花时间在粮田上的农民身上。

因此，"粮食财政直接补贴"作为刺激农民种粮积极性的公共政策，主要涉及政府和农民两大利益主体的利益冲突与选择，其运行过程也主要是政府与农民围绕利益调整而不断展开的博弈互动过程[266]。基于博弈论的视角分析"粮食财政直接补贴"，能够较为清晰地把控"粮食财政直接补贴"的运行过程，发现现行"粮食财政直接补贴"存在的问题，以破解相关政策缺陷，进而提高"粮食财政直接补贴"的效率和效果。

4.2 粮食财政直接补贴"和则"的演化博弈模型构建

4.2.1 基本假设

和谐管理理论强调：当由于"环境的不确定性"和管理者的"有限理性"而无法事先规定行为路线时，主要适用"和则"[4]。本书认为，将上述思想从企业等组织的适用范围（和谐管理理论更多地研究企业等组织问题）进一步扩展到社会管理领域时，为便于分析，不妨将上述"管理者"扩展至"相关利益主体"，则对于粮食补贴这一社会管理问题来说，其"有限理性"主要涉及政府和种粮农民的"有限理性"。

作为演化经济学的重要分析工具，演化博弈[267-269]是将博弈理论分析与动态演化过程相结合的一种方法。该方法以随时间变化的群体为研究对象，从具有"有限理性"的个体出发进行分析，认为现实中的个体并非行为的最优化者，个体的最优决策需要通过个体之间不断地模仿、学习及突变等动态过程而实现。演化博弈强调系统达到均衡状态的动态调整过程，认为系统的均衡是达到均衡所经历的过程的函数，即均衡依赖于到达均衡的路径[270-271]。演化博弈解决问题的目的在于理解群体演化的动态过程，解释群体为何达到当前的状态，以及如何达到的问题。影响群体变化的因素不仅具有一定的随机性和扰动现象（突变），而且还通过演化过程中的选择机制呈现出一定的规律性。系统中的多个参与者每一轮的博弈都是按照预先规定好的要素，通过选择机制和突变机制两方面的行为演化，获得在要素博弈中的既得利益[271]。其基本思路是[269]："有限理性"的博弈主体不可能正确地知道自己所处的利害状态，它通过最有利的战略逐渐模仿下去，而最终达到一种均衡状态。

演化博弈能够有效弥补传统博弈关于"行为主体具有完美理性假设"和"博弈双方行为主体具备理性的'共同知识'假设"的不足[271]：一方面，演化博弈结合了生物演化思想，降低了对参与者理性的要求，采用过程理性假设，所以参与者在演化的过程中可以犯错，能够通过模仿、学习等方式来不断修正行为规则和策略，其成功的策略又会被其他参与者模仿，进而形成一般的规则作为参与者行动的标准；另一方面，演化博弈注重对过程的分析，强调的是博弈结果实现的动态过程及其机制，因而博弈时间很重要，参与者在演进过程中的学习和模仿需要经过一段较长的时间，过去时间的博弈状态和未来时间的博弈状态并不对称[271]，参与者状态的演化跟初始时间状态是密切相关的。

事实上，自 1973 年 Maynard Smith & Price[272]首次在生物学领域提出演化稳定策略（Evolutionary Stable Strategy，ESS）概念、为演化博弈论做出开创性贡献后，演化博弈论迅速发展并成长起来，并在经济学和管理学中得到广泛的应用研究，我国近年来也涌现出不少创新成果，如文献［273］～［280］等。其中，与我国"政府补贴"相关的演化博弈代表性研究有：企业创新模式[281]、研发外包[282]、光伏产业[283]、新能源汽车企业[284]、工业企业研发活动[285]等；而和我国"农民"相关的演化博弈代表性研究为：农民专业合作组织[286-289]、失地农民与地方政府[290]、农民群体性事件[291]、农民和企业合作经营土地[292]、农民进行人力资本投资[293]等。由以上研究可知，同时关注政府补贴和农民、运用演化博弈方法研究政府粮食补贴与农民种粮行为互动问题的文献，未见报道，这成为研究的意义所在。

演化博弈的基本假设是"有限理性"，种粮农民的有限理性比较容易理解，那么对于政府来说，其实施粮食补贴等政策是理性决策还是有限理性决策？这有必要进行分析。从已有研究文献来看，齐明山（2005）[294]指出，任何由人构成的组织由于理性有限均有其局限性，政府也不例外；政府不是全知全能的，不能认为其可以应对不确定条件下发生的各种情形，有限理性使其决策有着不可逾越的局限性。殷一平、冯宗宪（2008）[295]也认为，政府是有限理性个体的集合，这一行为属性表明其计算与认知能力均是有限的，会受到所处环境与信息的制约，所以政府的决策行为具有有限理性倾向。段先盛（2008）[296]则主张，政府的生存环境——经济社会系统是一个开放的复杂巨系统，政府对它的认知是有限度的，表现为其获取信息、处理信息的能力均是有限的，从而在决策时也有局限性，对其管理行为效果的预测具有不确定性，由此带来风险，可见政府只能是一个有限理性的政府。冯含睿（2016）[297]还从行政法视角强调，平衡论与控权论都主张政府是具备"有限理性"的主体，因此需要警惕政府权力滥用，需要对行政权进行一定的规制。

由上述分析可以推论，政府实施粮食补贴是有限理性行为，复杂快变环境下其有限理性的特征尤为明显。

事实上，在现实社会中，农民和政府的理性水平是有差异的，在不同的外部环境下，各博弈主体的收益预期会有所不同，相应的博弈策略也在不断调整，究竟会达到哪一个均衡状态，依赖于演化的初始条件及演化路径[290]。因此需要突破传统博弈"完全理性"决策的分析框架，转而在演化博弈理论框架下[298]，对农民与政府之间的利益冲突进行研究，重点分析农民群体和政府群体的复制动态与其演化稳定策略及演化博弈系统的稳定性。这里强调，政府群体包括了中央政府和地方政府，两者有着粮食安全、农民增收等相同的目标，不存在博弈问题。本书结合现实情况给出如下假设：

假设1：农民种粮生产涉及农民和政府两个不同的群体，他们都是独立的利益主体，均为风险中性，皆追求各自的利益最大化。

假设2：在种粮生产中农民可以选择高时间投入、低时间投入两种策略，政府可以选择高补贴、低补贴两种策略。在博弈的初始时刻，农民选择高时间投入（L_H）策略的比例为m，选择低时间投入（L_L）策略的比例为$1-m$；政府选择高补贴（b_H）策略的比例为n，选择低补贴（b_L）策略的比例为$1-n$。

假设3：设农民的收益函数为：$R_1 = (p+b) K^\alpha L^\beta$，即农民的种粮收入函数。其中，$p$表示粮食的市场价格（指国内的粮食市场价格），$b$表示政府的补贴（主要指"粮食财政直接补贴"）；$K$指农民种粮的资金投入，$L$指农民种粮的时间投入（即花费在种粮上的用工天数）；α表示资金投入对农民收益的贡献，β表示时间投入对农民收益的贡献。

设成本函数为：$C = \dfrac{a(r'L + r''K)^2}{2}$。其中，$a$ 表示农民综合投入的消耗，r' 和 r'' 分别表示时间投入和资金投入的折算比例。

假设 4：设政府的收益函数为：$R_2 = (w - b)K^\alpha L^\beta + A$，即政府的社会福利函数。其中，$w$ 表示粮食的目标价格[①]；A 指政府补贴行为等所带来的社会影响与社会效应。

4.2.2　农民和政府博弈的支付矩阵

根据上述基本假设，农民和政府交互的博弈支付矩阵如表 4-2 所示。

表 4-2　农民和政府交互的博弈支付矩阵

农民	政府	
	高补贴　b_H　(n)	低补贴　b_L　$(1-n)$
高时间投入 L_H (m)	$(p + b_H)K^\alpha L_H^\beta - \dfrac{a(r'L_H + r''K)^2}{2}$ $(w - b_H)K^\alpha L_H^\beta + A_1$	$(p + b_L)K^\alpha L_H^\beta - \dfrac{a(r'L_H + r''K)^2}{2}$ $(w - b_L)K^\alpha L_H^\beta + A_2$
低时间投入 L_L $(1-m)$	$(p + b_H)K^\alpha L_L^\beta - \dfrac{a(r'L_L + r''K)^2}{2}$ $(w - b_H)K^\alpha L_L^\beta + A_3$	$(p + b_L)K^\alpha L_L^\beta - \dfrac{a(r'L_L + r''K)^2}{2}$ $(w - b_L)K^\alpha L_L^\beta + A_4$

4.2.3　模型演化

设 G_1 为农民种粮的博弈支付矩阵，则：

$$G_1 = \begin{bmatrix} U_{11} & U_{12} \\ U_{21} & U_{22} \end{bmatrix} =$$

$$\begin{bmatrix} (p + b_H)K^\alpha L_H^\beta - \dfrac{a(r'L_H + r''K)^2}{2} & (p + b_L)K^\alpha L_H^\beta - \dfrac{a(r'L_H + r''K)^2}{2} \\ (p + b_H)K^\alpha L_L^\beta - \dfrac{a(r'L_L + r''K)^2}{2} & (p + b_L)K^\alpha L_L^\beta - \dfrac{a(r'L_L + r''K)^2}{2} \end{bmatrix} \quad (4\text{-}1)$$

农民选择高时间投入的期望收益为：

---

① 目标价格是政府在综合考虑历史数据、市场供求和价格波动等因素的基础上，事前预测出来的一个价格水平。目标价格只保证农民获得基本收益而不是全部收益，当市场价格下跌时，农民也要承担部分收益下降风险。目标价格有利于真正发挥市场机制作用。

$$U_1(L_H) = n\left[(p+b_H)K^\alpha L_H^\beta - \frac{a(r'L_H + r''K)^2}{2} \right] +$$
$$(1-n)\left[(p+b_L)K^\alpha L_H^\beta - \frac{a(r'L_H + r''K)^2}{2} \right] \tag{4-2}$$

农民选择低时间投入的期望收益为:

$$U_1(L_L) = n\left[(p+b_H)K^\alpha L_L^\beta - \frac{a(r'L_L + r''K)^2}{2} \right] +$$
$$(1-n)\left[(p+b_L)K^\alpha L_L^\beta - \frac{a(r'L_L + r''K)^2}{2} \right] \tag{4-3}$$

农民的平均收益为:

$$\overline{U}_1 = mU_1(L_H) + (1-m)U_1(L_L) \tag{4-4}$$

设 G_2 为政府补贴的博弈支付矩阵,则:

$$G_2 = \begin{bmatrix} V_{11} & V_{12} \\ V_{21} & V_{22} \end{bmatrix} = \begin{bmatrix} (w-b_H)K^\alpha L_H^\beta + A_1 & (w-b_L)K^\alpha L_H^\beta + A_2 \\ (w-b_H)K^\alpha L_L^\beta + A_3 & (w-b_L)K^\alpha L_L^\beta + A_4 \end{bmatrix} \tag{4-5}$$

政府选择高补贴的期望收益为:

$$V_2(b_H) = m\left[(w-b_H)K^\alpha L_H^\beta + A_1 \right] + (1-m)\left[(w-b_H)K^\alpha L_L^\beta + A_3 \right]$$
$$\tag{4-6}$$

政府选择低补贴的期望收益为:

$$V_2(b_L) = m\left[(w-b_L)K^\alpha L_H^\beta + A_2 \right] + (1-m)\left[(w-b_L)K^\alpha L_L^\beta + A_4 \right]$$
$$\tag{4-7}$$

政府的平均收益为:

$$\overline{V}_2 = nV_2(b_H) + (1-n)V_2(b_L) \tag{4-8}$$

由演化博弈论可知,博弈双方由于是"有限理性"的,因此无法一开始就找到最优策略及最优均衡点,他们需要在博弈过程中不断地学习,并模仿与改进过去自己和别人的最有利策略[299]。农民和政府均有基本的经验判断能力,经过一段时间的演化后,他们会发现不同策略带来的收益差别,从而变更策略。这就意味着农民和政府的 m 和 n 会随着时间的推移发生转变。依据马尔萨斯动态方程,某一群体选择某种策略比例的相对变化率(策略的增长率)等于它的相对收益(相对适应度),即只要采取这一策略的个体收益(个体适应度)大于群体的平均收益(平均适应度),那么随着时间的变化,该策略就会增长[269,300]。因而可构建农民和政府策略交互的复制者动态方程:

$$\begin{cases} F(m) = \dfrac{\mathrm{d}m}{\mathrm{d}t} \\ \qquad = m\left[U_1(L_H) - \overline{U}_1\right] \\ \qquad = m(1-m)\Big[n(b_H - b_L)K^\alpha(L_H^\beta - L_L^\beta) + \\ \qquad\quad (p + b_L)K^\alpha(L_H^\beta - L_L^\beta) + \dfrac{a(r'L_L + r''K)^2 - a(r'L_H + r''K)^2}{2}\Big] \\ F(n) = \dfrac{\mathrm{d}n}{\mathrm{d}t} \\ \qquad = n\left[V_2(b_H) - \overline{V}_2\right] \\ \qquad = n(1-n)\Big[m(b_L - b_H)K^\alpha(L_H^\beta - L_L^\beta) + (b_L - b_H)K^\alpha L_L^\beta + \\ \qquad\quad (A_1 - A_2 - A_3 + A_4)m + (A_3 - A_4)\Big] \end{cases} \tag{4-9}$$

设上述方程的雅克比矩阵为 J，则：

$$J = \begin{pmatrix} (1-2m)\Big[n(b_H - b_L)K^\alpha(L_H^\beta - L_L^\beta) + (p + b_L)K^\alpha(L_H^\beta - L_L^\beta) + \dfrac{a(r'L_L + r''K)^2 - a(r'L_H + r''K)^2}{2}\Big] \\ n(1-n)\Big[(b_L - b_H)K^\alpha(L_H^\beta - L_L^\beta) + (A_1 - A_2 - A_3 + A_4)\Big] \\ m(1-m)(b_H - b_L)K^\alpha(L_H^\beta - L_L^\beta) \\ (1-2n)\Big[m(b_L - b_H)K^\alpha(L_H^\beta - L_L^\beta) + (b_L - b_H)K^\alpha L_L^\beta + (A_1 - A_2 - A_3 + A_4)m + (A_3 - A_4)\Big] \end{pmatrix} \tag{4-10}$$

将 J 的行列式记为 $\mathrm{Det}\,J$，迹记为 Tr，有：

$$Tr = (1-2m)\Big[n(b_H - b_L)K^\alpha(L_H^\beta - L_L^\beta) + (p + b_L)K^\alpha(L_H^\beta - L_L^\beta) + \dfrac{a(r'L_L + r''K)^2 - a(r'L_H + r''K)^2}{2}\Big] + (1-2n)\Big[m(b_L - b_H)K^\alpha \cdot (L_H^\beta - L_L^\beta) + (b_L - b_H)K^\alpha L_L^\beta + (A_1 - A_2 - A_3 + A_4)m + (A_3 - A_4)\Big] \tag{4-11}$$

根据 $\mathrm{Det}\,J$ 和 Tr，并按照文献［269］［300］和［301］的方法，可以讨论方程（4-9）的稳定性。

4.2.4 模型均衡点及其稳定性分析

根据前文"4.1.3"的分析，政府作为提供公共利益的最主要且最重要的主体及公共产品最有效的供给者，是想把粮食补贴给予那些真正花时间在粮田上的农民身上的，不希望不种粮的人或出去打工的人也获得补贴。基于此，为了增强政府补贴的指向性、精准性和实效性，增加一定的约束条件。当农民选择低时间投入策略时，政府是不愿看到这种情形的，政府有动机倾向于采取低补贴策略，因此规定此时政府对农民高补贴的收益小于对农民低补贴的收益，即 $V_{21} < V_{22}$；反之，当农民选择高时间投入策略时，政府应该倾向于选择高补贴策略，所以规定此时政府对农民高补贴的收益大于对农民低补贴的收益，即 $V_{11} > V_{12}$。同理规定，当政府选择高补贴策略时，农民高时间投入的收益大于低时间投入的收益，即 $U_{11} > U_{21}$；反之，当政府选择低补贴策略时，农民高时间投入的收益小于低时间投入的收益，即 $U_{12} < U_{22}$。

由上述约束条件可知 $V_{22} - V_{21} > 0$，$V_{11} - V_{12} > 0$，$U_{11} - U_{21} > 0$，$U_{22} - U_{12} > 0$。令式（4-9）中方程右端同时为0，可得出系统（4-9）有5个均衡点：$(0, 0)$，$(0, 1)$，$(1, 0)$，$(1, 1)$，(m^*, n^*)，其中：

$$m^* = \frac{(A_4 - A_3) + (b_H - b_L)K^\alpha L_L^\beta}{(b_L - b_H)K^\alpha(L_H^\beta - L_L^\beta) + (A_1 - A_2 - A_3 + A_4)} \tag{4-12}$$

$$n^* = \frac{(p + b_L)K^\alpha(L_L^\beta - L_H^\beta) + \dfrac{a(r'L_H + r''K)^2 - a(r'L_L + r''K)^2}{2}}{(b_H - b_L)K^\alpha(L_H^\beta - L_L^\beta)} \tag{4-13}$$

式（4-12）可转化为 $\dfrac{(V_{22} - V_{21})}{(V_{22} - V_{21}) + (V_{11} - V_{12})}$，式（4-13）可转化为 $\dfrac{(U_{22} - U_{12})}{(U_{22} - U_{12}) + (U_{11} - U_{21})}$，依据约束条件，能够判断 m^* 和 n^* 都介于0和1之间。

根据均衡点处雅克比矩阵的行列式（Det J）和迹（Tr）的正负符号，可以判断出各个均衡点的稳定性，如表4-3所示。

表4-3　系统均衡点的局部稳定性分析

均衡点	Det J		Tr		结果
$(0,0)$	$(U_{12} - U_{22})(V_{21} - V_{22})$	+	$(U_{12} - U_{22}) + (V_{21} - V_{22})$	−	ESS
$(0,1)$	$(U_{11} - U_{21})(V_{22} - V_{21})$	+	$(U_{11} - U_{21}) - (V_{21} - V_{22})$	+	不稳定
$(1,0)$	$(U_{22} - U_{12})(V_{11} - V_{12})$	+	$(U_{22} - U_{12}) + (V_{11} - V_{12})$	+	不稳定
$(1,1)$	$(U_{11} - U_{21})(V_{11} - V_{12})$	+	$(U_{21} - U_{11}) + (V_{12} - V_{11})$	−	ESS
(m^*, n^*)	$\dfrac{-(V_{22} - V_{21})(V_{11} - V_{12})(U_{11} - U_{21})(U_{22} - U_{12})}{[(V_{22} - V_{21}) + (V_{11} - V_{12})][(U_{11} - U_{21}) + (U_{22} - U_{12})]}$	−	0		鞍点

由表4-3可知，五个均衡点中有两个是稳定的，为演化稳定策略（ESS），分别对应于两个模式：模式1，即均衡点 $(0，0)$，是农民选择

低时间投入、政府选择低补贴策略；模式2，即均衡点（1，1），为农民选择高时间投入、政府选择高补贴策略。

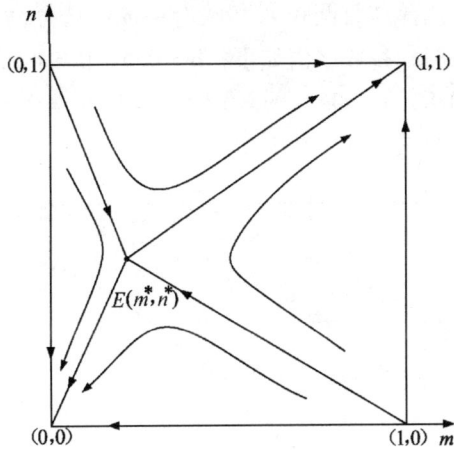

图4-1　农民与政府交互的动态过程

图4-1描述了农民和政府交互的动态过程，由两个不平衡点（1，0）、（0，1）和鞍点 $E(m^*,n^*)$ 连成的折线可以看成是系统收敛于不同模式的分界线：位于折线上方四边形区域的点收敛于模式2［均衡点（1，1）］；而位于折线下方四边形区域的点收敛于模式1［均衡点（0，0）］，在没有外界干扰的情况下，轨线进入该区域会导致不良"锁定"状态[302]（称之为"死锁"），系统演化将阻塞于这一状态，因此理应减少系统向"死锁"方向收敛的概率。根据鞍点 $E(m^*,n^*)$ 的表达式，我们可以调整变化相关参数数值以引起鞍点的移动，根据参数变化的规律调控农民和政府双方的行为，增加折线上方四边形的区域面积，引导系统朝着理想的方向演变，即促使系统向良好模式演化。

4.3　不同情景下的数值实验结果与分析

以下对演化模型进行数值实验，通过图形主要分析选择某种策略的初始人群比例、农民种粮的资金投入、粮食的市场价格等参数的变化对演化结果的影响（其他情景对演化结果的影响可参照如下方法进行实验）。

4.3.1 选择某种策略的初始人群比例变化对演化结果的影响

利用 Matlab 软件运行的数值实验结果如图 4-2 所示，其中 m_0、n_0 分别表示农民群体中选择高时间投入和政府群体中选择高补贴策略占各自群体的人群初始比例，参数取值如下：$\alpha = 0.5$，$\beta = 0.5$，$L_H = 0.9$，$L_L = 0.1$，$K = 1$，$b_H = 0.8$，$b_L = 0.2$，$p = 0.8$，$a = 1$，$r' = 0.5$，$r'' = 0.5$，$A_1 = 0.8$，$A_2 = 0.4$，$A_3 = 0.3$，$A_4 = 0.1$。

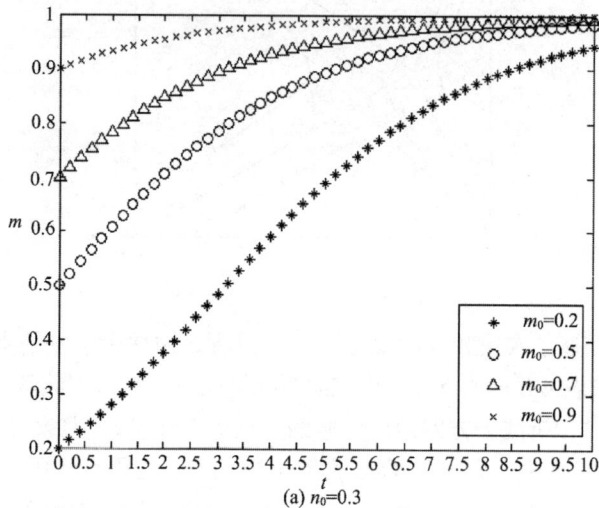

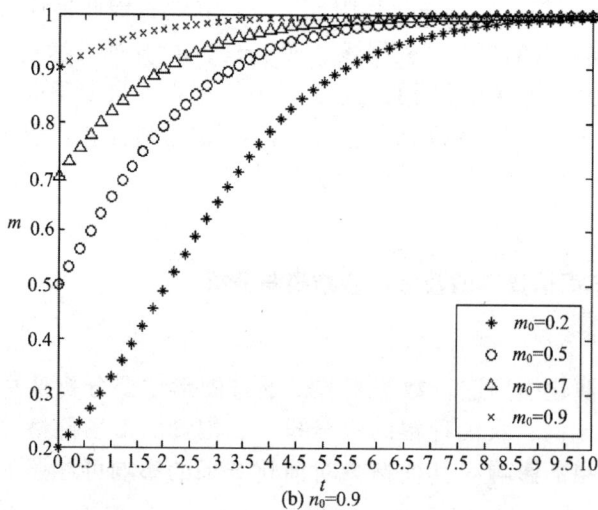

图 4-2 农民与政府选择某一策略的初始群体不同比例对演化结果的影响

从图 4-2 可以看出，农民群体和政府群体的行为策略交往具有路径依赖性，自不同初始条件出发的收敛轨线在未达到均衡状态前是不会相交或重叠的；收敛速度与农民选择高时间投入和政府选择高补贴行为策略的初始比例成正比，初始比例越接近均衡状态收敛的速度越快。并且，通过对比图 4-2 中的 a、b 两个子图还可以发现，农民群体行为演化的结果和收敛的时间不仅受到农民群体中选择高时间投入策略的初始比例的影响，还受到政府群体中选择高补贴策略的初始比例的影响，政府群体中选择高补贴策略的初始比例越大，就能更快地收敛到良好状态。

4.3.2　农民种粮的资金投入变化对演化结果的影响

数值实验结果如图 4-3 所示，除参数 K（农民种粮的资金投入）外，其他参数的取值都和图 4-2b 中的取值相同。

对比图 4-2b 和图 4-3a、b、c 可知，当 $K \leqslant 7$ 时，随着农民种粮投入资金的增加，演化加速收敛到良好状态（也称理想状态）。当 $7 < K \leqslant 9$ 时，随着农民种粮投入资金的增长，演化收敛到良好状态的速度逐渐减缓。故当 $K = 7$ 时，收敛到良好状态的可能性最大。当 $K \geqslant 10$ 时，收敛到不良状态；而且，随着农民种粮投入资金的继续增多，收敛到不良状态的速度加快。

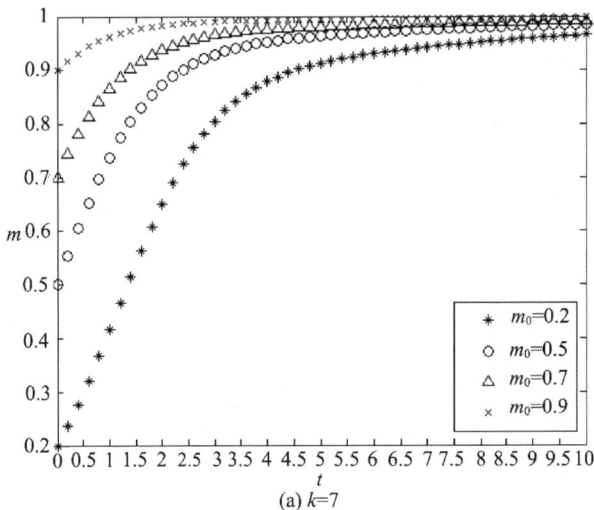

(a) $k=7$

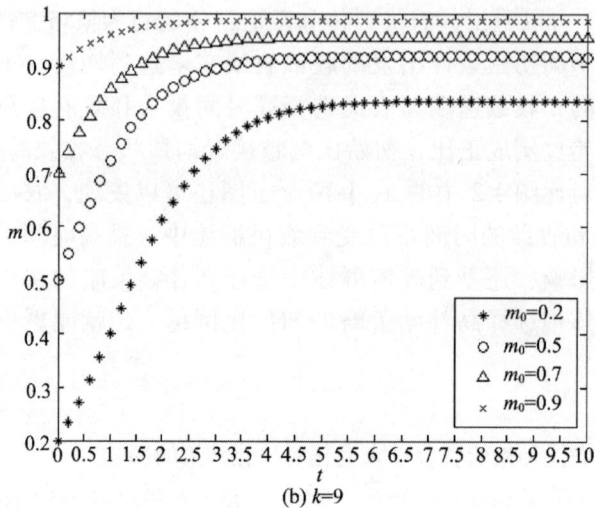

(b) k=9

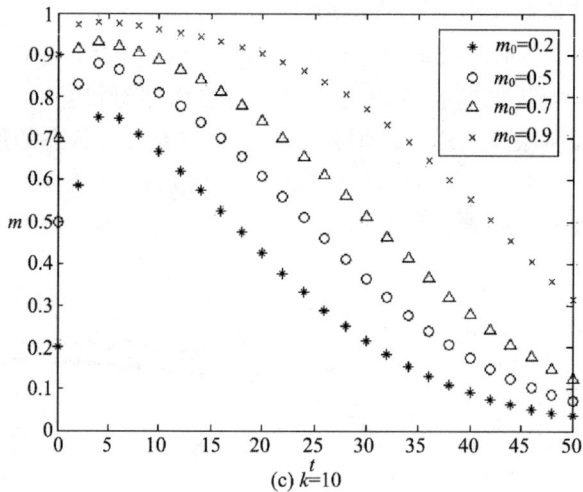

(c) k=10

图4-3 农民种粮的资金投入变化对演化结果的影响

4.3.3 粮食的市场价格变化对演化结果的影响

数值实验结果如图4-4所示，除参数 p（粮食的市场价格）外，其他参数的取值都和图4-2b中的取值相同。

对比图4-2b和图4-4a、b可以发现，当粮食的市场价格很低时，最终收敛到了不良状态。当粮食的市场价格逐渐变高，会收敛到良好状态，而且粮食的市场价格越高，收敛的速度越快，因此能够推断：当粮食的市场价格较高时，农民与政府的交互行为可以进化到良好状态且速度很快。

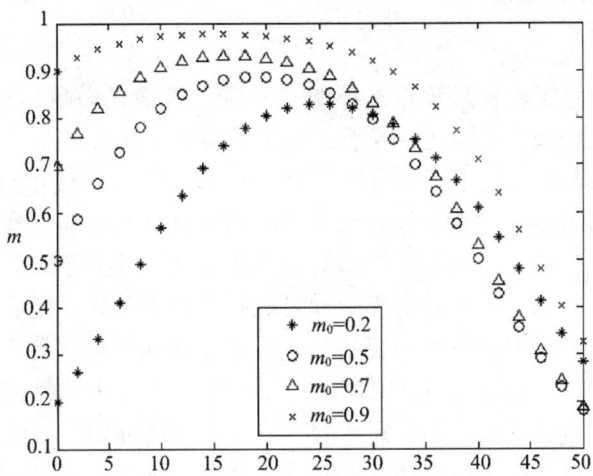
(a) p=0.01

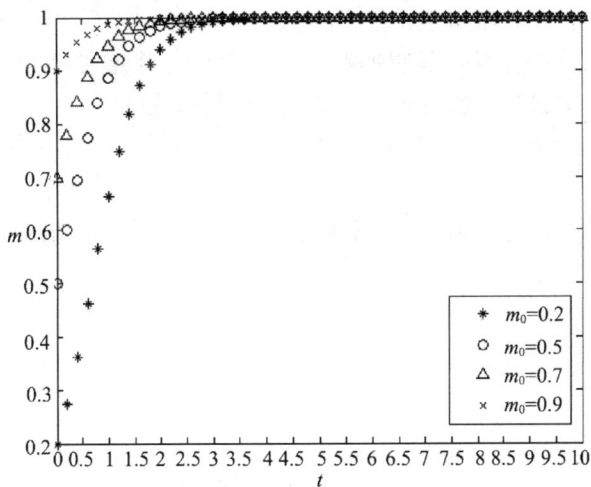
(b) p=3

图4-4　粮食的市场价格变化对演化结果的影响

4.4　本章小结

本章界定了粮食财政直接补贴"和则"概念的范围、内容与特征，从农民务农时间变化的现象着手，构建了粮食财政直接补贴"和则"的演化博弈模型，分析了不同情景下的数值实验结果，得到以下启示：

（1）在政府对粮食持续补贴及补贴越来越具有指向性和精准性的背景下，应充分发挥种粮农民群体的主观能动性，可引导部分农民（如新型职业农民）通过示范效应影响和带动整个种粮群体，使农业劳动时间的投入（种粮的时间投入）保持一定的量，从而保障粮食安全。农民群体行为演化的结果和收敛的时间不仅受到农民群体中选择高时间投入策略的初始比例的影响，还受到政府群体中选择高补贴策略的初始比例的影响，政府群体中选择高补贴策略的初始比例越大，粮食补贴达到的效果越好，补贴政策起作用的效率越快。

（2）农民仅在粮食生产上多投入劳动时间，却不注重物质和技术投入的增加，并不会得到理想的收益。但是，一味增加种粮的资金投入，滥用农药、化肥等，也会加剧不良状态演化的速度。

（3）粮食市场价格太低，对农民和政府均会产生不利影响；粮食市场价格适度升高，有利于农民与政府的交互行为趋向和谐状态，对农民增收作用很大；但也应注意不能把农民增收完全寄托在粮价上涨方面。

5 第5章
粮食财政直接补贴"谐则"的国际经验及其借鉴

在第4章中，本书分析了粮食财政直接补贴的"和则"，但还需分析和谐管理理论解决管理问题的两个基本方面的另一面——"谐则"，并关注"谐则"在"增收"方面的作为。

本章拟依据和谐主题的转换，对主要发达国家粮食补贴政策的演化史进行阶段划分，分析并汲取这些国家的粮食补贴在体系、结构、流程、配置、规定、方法等方面（这些属于和谐管理理论所指的"谐则"）设计与优化的经验和教训，以及对我国粮食财政直接补贴"谐则"机制构建的镜鉴与启示，这对不断完善我国粮食财政直接补贴政策、提高其经济和社会效果、提升农民收入水平和生活水平等方面具有重要的现实意义。

5.1 粮食财政直接补贴"谐则"的研究基础

5.1.1 粮食财政直接补贴中的"谐则"诠释

和谐管理理论指出[35]："谐"是指一切物要素在组织中的"合理"的"投入"，"谐则"是指导理性设计的基本原则。"谐则"研究针对系统内的各种理性设计方案，既包括在工艺流程方面的各种统筹规划，也包括在管理制度方面的各种计划安排。其基本目标是通过对要素的物化、量化和规范化，经过理性的设计形成系统内可以精确（或者说比较精确）的"控制机制"。没有规矩，不成方圆。任何组织和社会系统内均存在"谐则"体系，它是保证系统能够持续、稳定运转的基础，也是保证系统效率的基本条件[5]。

"谐则"机制的作用机理主要体现在[4]：①"谐则"是以理性建构思想为基础的，关注的对象是客观的或具有相对稳定性的组织要素，因此，组织中的"物要素"及"物要素"之间的投入组合关系分析是"谐则"体系研究的出发点；②"谐则"机制的根本目的是在理性的范围内，通过设计的方式，促进组织中"物要素""合理投入"的组合关系的实现，提高组织运行效率；③通常情况下，要素投入组合的影响因素是不可直接观测或设计控制的，此时必须考察其支持系统要素，如组织制度与规定、组织结构、工作流程、资源配置机制等，通过对这些要素的设计、优化和控制，实现"物要素"的合理投入组合；④经过设计、优化后的组织支持系统要素综合在一起构成了组织管理系统的一部分，如制度系统、组织机构系统、流程管理系统等，它们是保证组织高效运行的必要条件；⑤"谐则"体系研究是以现有的管理科学研究成果为基础的。

在实际的组织问题解决过程中，人们总是希望能够利用理性建构的方法对组织及其运行过程进行合理设计，使之能够稳定地运行。然而，由于组织是有人参与的复杂开放系统，人的行为具有较大的随机性，而外部环境又是复杂多变的，因此难以设计和控制组织的运行过程[4]。尽管如此，在问题前面，人类也并没有拘泥于"人的不确定性"和"环境的复杂多变"而无所作为，而是在理性的范围内，尽可能地对组织活动过程进行细分和解构，抓住其中的主要环节和主要影响因素，并遵循科学的方法进行规划、建构、设计[4]和优化，提升组织运行效率，这正是"谐则"机制所关注的问题。

和谐管理理论认为[4]："组织制度与规定"是可以设计与控制的基本组织系统要素之一（其他要素还包括组织结构、工作流程、资源配置机制等），对其进行"规划设计"是解决组织活动合理安排和资源配置、实现"物要素"合理投入的一个必要条件。一般地，组织制度与规定体现为[4]：组织中的各种章程、条例、守则、程序和标准等。

从上述内容推论可知，对于"粮食财政直接补贴"来讲，其"制度"是可以"规划设计"的"谐则"问题。然而，就粮食补贴而言，"补贴政策"一词比"补贴制度"更为常见（下文将详细阐述）。从国家和社会层面看，"政策"与"制度"有什么联系与区别？通过规划设计"粮食财政直接补贴政策"，能否达到规划设计"粮食财政直接补贴制度"同样的"谐则"效果？这都有必要一一进行分析。

从汉语语义的角度看，《辞海》[303]对于"制度"的解释是：①在一定历史条件下形成的政治、经济、文化等方面的体系。②要求大家共同遵守的办事规程或行动准则。③规格；格局。《现代汉语词典》[304]对"制度"的解释为：①要求大家共同遵守的办事规程或行动准则。②在一定历史条件下形成的政治、经济、文化等方面的体系。

而对于"政策"，《辞海》[303]的解释是：国家、政党为实现一定历史时期的路线和任务而规定的行动准则。《现代汉语词典》[304]的解释为：国家或政党为实现一定历史时期的路线而制定的行动准则。

从学术界的视角看，一些专家和学者从国家和社会层面，对"制度"和"政策"的关系也进行了理论探讨并取得了一定的研究成果。魏姝（2007）[305]认为，"政策"可看作是操作层次的规则，而"制度"则包括集体选择规则和宪政规则；从时间序列来看，"制度"是以往"政策"的沉淀。毛寿龙（2000）[306]指出，好的政策经过较长时期的运行以后，能够为较好的制度创新提供基础；他引用美国学者诺曼·尼科尔森（1988）的论点说明"坏的政策随着时间的推移，将从基础上破坏和扭曲制度的运行"。胡建渊、赵春玲（2007）[307]主张，制度有正式制度和非正式制度之区别，一般来说，正式制度（包括法律和政策）由政府提供，非正式制度由社会习俗所形成。朱德米（2014）[308]也强调，制度最基本的表达方式有成文和不成文两种类型；在当代中国政治生活中，党的政策是制度的表达方式之一。

综合上述汉语语义的解释和学术界的研究成果，基于国家和社会层面，本书认为：①"制度"和"政策"均可认为是一种"行动准则"，是需要遵守、遵循的，表现为行动的"服从"与"归宿"，在这一点上"制度"和"政策"可以认为是同义词；②"制度"的含义比"政策"多，因此"制度"的内涵比"政策"宽；③"制度"的稳定性与持久性强、而"政策"的时效性与应急性强，主要原因在于"制度"还可指"一定历史条件下形成的"（即长期缓慢形成的）一种"体系"，并不像"政策"仅是"一定历史时期的"；④"政策"一般是正式"制度"、成文"制度"先行的表达类型之一，"政策"需要时间检视其效果后，使其"制度"化。基于上述认识，国家和社会层面下"政策"与"制度"不同点的对比，如表5-1所示。

对于粮食补贴来说，笔者登录中国知网的中国学术期刊网络出版总库（1979—2014年），检索篇名"粮食＋补贴政策"（即篇名包括"粮食"并且包括"补贴政策"）的论文，显示共有217篇（其中发表在"核心及以上级别"期刊的论文为87篇）；而检索篇名包括"粮食＋补贴制度"的论文，显示仅有16篇（其中发表在"核心及以上级别"期刊的论文仅为3篇）。可见，就"粮食"而言，"补贴制度"的论文篇数明显比"补贴政策"少，二者比例约为 1∶14。

表 5-1　国家和社会层面下"政策"与"制度"不同点的对比表

对比的内容	度量的单位	对比的结果
内涵	宽度	"政策" ＜ "制度"
稳定性	强度	"政策" ＜ "制度"
时效性	强度	"政策" ＞ "制度"
形成的时间	次序	"政策"→"制度"（即先有政策，后有制度）

为了更好地说明问题，将"粮食"一词换成"农业"再次检索（时间跨度同上），结果如下：篇名"农业＋补贴政策"的论文，显示共有430篇（其中发表在"核心及以上级别"期刊的论文为 158 篇）；而篇名"农业＋补贴制度"的论文，显示共有 54 篇（其中发表在"核心及以上级别"期刊的论文为 32 篇）。由此，就"农业"来说，"补贴制度"的论文篇数也比"补贴政策"少，比例约为 1∶8。

由上述内容可以推论，不管是对于"粮食"还是"农业"，"补贴政策"的说法比"补贴制度"均更为常见；比较而言，由于"农业"一词内涵较宽，"体系性"较强，"农业补贴"包括了"粮食补贴"，因此"农业补贴制度"的讲法比"粮食补贴制度"的接受程度要稍高一些，而"粮食补贴制度"则未成气候。

这说明，在当前转型中的中国社会，"规范政策（制定）过程和程序的制度基础"[305]、制度平台、法律规则等与发达国家相比尚不稳定[305]与成熟，考虑到"通过制度规则的重构提升公共政策质量是一项复杂、宏大和长期的工程"[305]，应"立足当前、着眼长远、量力而行、尽力而为、循序渐进……促进补贴政策的制度化、规范化和科学化"[309]。为了便于分析，本书拟通过"规划设计"我国的"粮食财政直接补贴政策"，研究"粮食财政直接补贴"中的"谐则"问题，也为后期从制度层面反思政策、"建立制度化的政策启动与退出机制"[309]、促进"粮食财政直接补贴政策"的制度化、形成与完善"粮食财政直接补贴制度"等打下良好的基础。

事实上，如果"粮食财政直接补贴政策"针对当前"和谐主题"在"增收"方面改进的需求，在"谐则"层面进行合理的设计与优化，那么以此为基础构建起来的粮食财政直接补贴体系（系统）就有可能是有效的（之所以称"有可能"，是因为还要看"和则"的情况），也便于为下一阶段的"和谐主题漂移"的正确方向夯实基础。

5.1.2 粮食财政直接补贴"谐则"的研究思路

美国最早于 20 世纪 30 年代开始实施粮食补贴政策[221]，这已成为当今世界上绝大多数国家普遍采取的一项重要政策（尽管发达国家"粮食补贴制度"相对而言较为成熟与稳定，但为了方便研究及保持整章相关概念的统一表述，下文论述时主要使用"粮食补贴政策"而非"粮食补贴制度"的说法），可以认为是一种国际惯例。然而，与本书所选取的美国、欧盟、日本、韩国等样本相比，我国开展粮食补贴起步较晚，在补贴项目、补贴力度（规模）、补贴水平、补贴方式、补贴效果等方面，与主要发达国家均存在一定差距[310]。研究主要发达国家粮食补贴政策的演化过程，正确看待、把握和合理借鉴其"谐则"方面的经验与教训，对探索符合我国国情的粮食财政直接补贴"谐则"机制及其发展道路，具有重要的理论意义和现实价值。

事实上，每个国家均客观存在着粮食补贴政策的演化过程或者说演化史，从不同标准或视角进行划分，演化史的阶段就不同，这带有一定的主观性。虽然各类划分一般并没有孰对孰错之分，但是若要对多个国家的补贴演化史一并进行分析，尽量统一划分的标准或视角，则会使研究的开展具有明显优势。和谐管理理论所提出的和谐主题就具有这样的优势，和谐主题是组织在一定时期内最为迫切需要完成的核心任务，其阶段的划分以代表性事件的发生为标志，如重要领导的变更、重要会议的召开等[5]。就粮食补贴政策而言，其和谐主题阶段划分的标志主要有：补贴政策重要制定者、生效签署人或重要影响者等的变更，补贴相关重要会议的召开，补贴重要法律法规的通过、颁布或实施等。

5.2 主要发达国家及中国粮食补贴政策的演变

5.2.1 美国粮食补贴政策的演变

作为世界农业发达国家，美国的农业生产与农产品出口在国际上处于优势地位，这不仅仅是其自然资源丰富和技术先进的结果，政府的补贴政策也发挥了非常重要的作用[311]，补贴支持可以说是美国农业政策的核心。20 世纪 20 年代末以前，美国对农产品并没有专门的补贴措施，基本不干预包括粮食在内的农产品市场，仅依靠基础设施投资来促进农业发展。1929年《农业营销法案》的通过标志着粮食补贴政策的发端，该法案经过几番修订与完善，美国粮食补贴政策的体系已较为完整，根据其演化史，可以将美国粮食补贴的和谐主题分成以下五个阶段：

5.2.1.1 稳定粮食市场价格

1929年前，美国农民的耕地面积、作物种类、收入水平等各方面均由市场自发调节，尽管这有利于粮食的商品化和粮食产业的发展，但也造成了粮食供给过剩、价格剧烈波动等弊端，进而影响了粮食生产者和消费者的利益。1929年赫伯特·克拉克·胡佛就任总统，同年《农业营销法案》出炉，并成立了联邦农业委员会，为稳定粮价，美国政府采取了提供贷款给农业合作组织、购买过剩的粮食等措施。然而，上述措施中并没有包括对粮食生产控制的相关内容，从而导致日益严重的粮食供给过剩问题，粮价也随之大幅下降[312]，稳定粮价的目标落空。这一情形在20世纪30年代的经济大萧条时期更加恶化。

5.2.1.2 控制粮食产量

1932年，富兰克林·德拉诺·罗斯福竞选美国总统，提出"新政"计划并于1933年就职。罗斯福"新政"加强政府对农业的有效干预，为拯救农场主而积极立法——《农业调整法案》[197]，试图采用控制粮食生产的方式使粮价落在合理的区间内。这一政策的主要执行者是联邦政府的农产品信贷公司，采取的措施有：无追索贷款、耕作面积限额、储藏计划等。在"二战"结束前，上述措施效果明显、实现目标；但在"二战"结束后，欧洲农业恢复"元气"，美国粮食出口减少，加之美国农业技术进步使粮食生产率得到提高，粮食供给过剩的状况又出现了。

5.2.1.3 消除粮食过剩，提高农民收入

第二次世界大战后，农产品市场供过于求，使粮价下跌，农民收入减少且与非农就业者之间的收入差距逐渐拉大。1953年，德怀特·戴维·艾森豪威尔就职美国总统。为了保障农场主的收益，避免粮价下跌再次对下一期的粮食生产造成负面影响，美国于1954年通过了《农产品贸易与发展法案》。该法案采取了继续实行无追索贷款，采取粮食出口补贴等措施，试图达到增加美国农产品在国外市场的消费、消除粮食过剩、稳定国内粮食市场供求、提高农民收入等目标。在随后的近30年时间里，美国后续的粮食补贴政策根据环境变化和国内现实不断调整，基本实现了上述目标。

5.2.1.4 以收入补贴为目标，同时限制粮食产量

20 世纪 80 年代，欧共体粮食补贴政策的实施在增强其粮食产品在国际市场竞争力的同时，与美国的粮食产品贸易摩擦不断，因为欧共体的政策削弱了美国粮食出口补贴政策所维持的粮食出口竞争力；与此同时，美国长期的"价格支持"使财政日益吃紧[221]。在上述背景下，1985 年美国通过了《农业安全法》，其核心内容有：降低农业贷款利率，与粮价一起构成粮食安全网；"冻结"补贴基础面积，鼓励和补贴土地休耕，给予实物直接补贴，进而控制粮食的供给数量；扩大出口补贴，以对抗欧盟的同类补贴；冻结价差补贴；等等。1990 年的《食品与农业贸易保护法案》基本延续了 1985 年的政策（如农业贷款利率等），增加了农民生产的自由度：农民 85% 的耕地面积作为价差补贴的基础，另外 15% 可自由调整生产结构，不享受补贴[313]。1996 年的《联邦农业发展与改革法》市场导向突出，赋予农民在种植选择上的更多自主权，将原有的"价格支持和收入支持"政策向"生产灵活性合同补贴、休耕补贴、农业灾害补贴"政策转化，把粮食的国内价格支持转变为对农场主的直接收入补贴。

5.2.1.5 以收入支持为目标，注重环保与保险

21 世纪初，美国农业的霸主地位受到一定的威胁，原因是欧盟、日本等国加大了对农业补贴支持的力度；2001 年乔治·沃克·布什担任美国总统，同年突发"9·11"事件，美国经济加剧衰退；农业补贴谈判成为同时期 WTO 中争议最多、进展最缓慢的焦点问题。在上述情形下，2002 年美国出台了《农业安全与农村投资法》，增加对农业的投入和补贴，这实际上扭转了上述 1996 年的改革，农业政策由自由市场化重新转向保守。该法案扩充了直接补贴的范围和额度，增加了环境可持续补贴，运用直接补贴、贷款差额补贴、反周期补贴等构成的收入安全保护网，提升了对保险、信贷、灾害、价格补贴等政策的支持。2008 年《食品、环境保护和能源法》颁布，延续了农业保护的政策导向，其对农业的支持力度进一步加大，主要用于"营养计划"、休耕计划和其他环保项目；新增加基于农户目标收益的"平均作物收入选择补贴"，加快向收入支持转型[128]。2014 年《食物、农场及就业法案》生效，主要在价格支持和收入补贴、农业保险补贴和资源环保补贴政策等多个方面进行了改革[314]。2014 年法案表面上取消了直接补贴，实际上采取了更加隐蔽的方式保障农民的收入（如设立价格损失保障和农业风险保障，生物能源

项目鼓励措施的扩大等)[315]。可见，随着经济社会需要和农业生产环境的变化，美国农业法案与时俱进，不断促进美国农业农村的发展，保障农场主获得稳定的收入[316]。

5.2.2　欧盟粮食补贴政策的演变

欧盟是由28个成员国组成的，其农产品特别是粮食产品的进出口在国际农产品贸易中发挥着举足轻重的作用。欧盟对粮食产业的支持方式主要有：实行共同农业政策，建立统一的粮食市场，制定共同的外贸政策，加强对各成员国粮食市场的保护。依据农产品市场的变化，欧盟的共同农业政策会进行适时调整。按照欧盟粮食补贴政策和谐主题的演化，可以将其粮食补贴政策划分为以下三个阶段：

5.2.2.1　建立共同市场，实现粮食自给

欧共体在1958年成立初始，共有六个创始国。除了法国的粮食能实现自给外，其他五国（意大利、联邦德国、荷兰、比利时、卢森堡）的粮食尚处于短缺状态，只能依靠进口来满足粮食需求[221]。为了摆脱这种困境，欧共体六国于1962年通过了共同农业政策——《建立农产品统一市场折中协议》，其主旨是通过建立共同农产品市场，维护欧共体内部农产品价格稳定和农民收入稳定，增加农产品供给。基于此，为形成以干预价格、目标价格和门槛价格为基础的粮食支持补贴政策体系，欧共体采取了如下措施：一是建立农业共同市场组织，设立共同农业基金，实施统一的价格支持与补贴政策；二是实行统一的差价关税与出口补贴政策，保护欧共体内部农产品市场，提高其粮食的国际竞争力。上述措施的实施，使欧共体各成员国的农业生产率得到很大提高，20世纪70年代中期以后，欧共体实现粮食自给，80年代甚至出现了粮食过剩。可见，这一时期欧共体粮食补贴的主要目标是增产以实现自给，农民增收则处于次要地位。

5.2.2.2　保障农民收入，保持粮食生产能力

上述欧共体《建立农产品统一市场折中协议》政策的实施，虽然成功解决了粮食短缺的问题，但也带来了粮食过剩，导致的问题主要有：增加粮食管理费用，使财政负担加重；引起粮价波动，进而影响农民收入。在这种情形下，欧共体委员会的农业委员雷·麦克萨里于1991年签发了著名的"反思文件"——《共同农业政策的发展与未来》，史称"麦克萨里改革"。这一改革的主要内容包括[310,317]：分阶段、大幅度缩

减主要农产品的价格支持水平；突出休耕的作用，对休耕的耕地依据农产品支持价格的下降幅度，给予相应的补偿；强调市场政策和价格政策应继续承担控制粮食产量、平衡粮食市场供求的职能；引入有条件的直接收入补贴政策工具；重视生态环境保护和农村社会发展。"麦克萨里改革"将粮食补贴机制由"价格支持"为基础转变为以"价格支持和直接补贴"为主，一方面，到20世纪90年代中期，欧盟①在解决农产品过剩和财政负担方面效果显著；另一方面，价格支持不再是促进农民增收的唯一手段，欧盟与其他国家的贸易冲突随之缓和。

5.2.2.3　收入支持，保持农业可持续性发展

"麦克萨里改革"之后，欧盟的农业补贴虽有所减少，但总体补贴水平仍处于世界前列，美国、日本等国对此仍然不满。与此同时，新加入欧盟的国家，农业在国民经济中的比重较高，农村剩余劳动力亟待转移[310]。因此，欧盟于1999年通过了《2000年议程：为了更强更大的欧洲联盟》，该议程的主要内容是：在降低农产品价格支持水平的同时，把对农产品的价格支持转变为对农民收入的直接补贴，确立了"直接收入补贴"在农业支持政策中的主导地位[128]；削减农业预算，按照1999年价格水平计算，将405亿欧元作为2000—2006年每年的农业预算支出"基准"；提出了欧盟农业发展的可持续性、多功能性、竞争性等概念。2003年欧盟形成了完整的共同农业政策——《共同农业和农村发展政策》（2007—2013年），其核心内容包括：将以前以生产为依据的补贴政策，变更为以农民收入为依据的补贴政策，强调对粮食质量、安全和环保标准的要求；把原先"与种植面积挂钩"的补贴方式，更换为"单一的农场补贴"。"单一的农场补贴"的实施，实现了粮食补贴从"增产"向"增收"目标的彻底转变[221]。2011年欧盟发布了《走向2020共同农业政策——应对未来粮食、自然资源和区域挑战》的公报，提出欧盟未来共同农业政策的目标是保证粮食生产、对自然资源进行可持续性管理、维护农村地区的平衡发展和多样性[115]。2013年欧盟成员国就共同农业政策改革达成一致并颁布了《2014—2020计划》[318-319]，对农村经济、生态环境和成员国区域平衡发展等议题给予了极大的关注。

---

① 1991年12月，"欧共体"首脑会议在荷兰的马斯特里赫特举行，通过了《欧洲联盟条约》（也称《马斯特里赫特条约》）。1993年11月，上述条约生效，"欧盟"正式诞生。

5.2.3 日本粮食补贴政策的演变

与欧美相比，日本的粮食生产条件相当恶劣：人多地少，土壤贫瘠，农户经营分散。因而日本政府历来高度重视粮食问题，采取了一系列措施来确保粮食供给。日本粮食补贴政策的形成与其工业化进程和政府、国民对农业特别是对粮食供给的忧患意识紧密相关。为使补贴政策落到实处，做到有法可依，成为行之有效的农业发展政策，日本政府制定了一系列相关的法律法规，其中最具代表性的法律是《农业基本法》和《食品、农业、农村基本法》。依据这些法律法规，形成了不同时期日本农业补贴政策的特征[310]，其和谐主题大体上可分为以下两个阶段：

5.2.3.1 发展农业，提高农民收入，缩小工农收入差距

在第二次世界大战中日本战败，二战后面临粮食紧缺、物价飞涨、劳动力供给严重不足等一系列危机，加之农用地的高度集中和私有化，限制了其农业生产率的有效提高。为迅速扭转不利局面，日本政府决定从改革土地制度着手，配合农协重组，从根本上解决粮食等农产品供给的短缺问题[310]。1946 年和 1948 年，日本政府分别颁布《粮食紧急措施令》和《确保粮食临时措施法》，对各个"都道府县"规定任务，明确了粮食生产及卖给政府粮食的数量。日本国会颁布的《1947 年产大米、甘薯、杂粮等供给对策纲要》还确定了增产奖励政策。上述政策的实行使粮食紧缺的状况得到缓解，粮食自给率大幅提高，1950 年其农业生产基本恢复到二战前的水平[197]。1952 年，日本在放开杂粮市场的基础上，对其他部分农产品、畜产品采取了包括最低价格、稳定价格带、差额补贴、安定基金等支持措施，以确保生产者收入[128]。1956 年鸠山一郎第三次（也是最后一次）担任日本首相后期，日本发表《日本经济成长与近代化》经济白皮书。1960 年池田勇人就任日本首相，同年颁布《国民收入倍增计划》。1961 年又颁布了《农业基本法》，以促进农业生产率提高，使农民与其他产业劳动者的收入均衡。20 世纪 70 年代初期，日本通过政府补贴，基本实现了农业机械化、农户家庭收入水平接近产业工人家庭收入水平这两大目标[310]，日本农业和整个国民经济的面貌均发生了巨大变化，令世界瞩目。

5.2.3.2 改革粮食补贴政策，支出逐年削减，发挥农业的多功能性

上述《农业基本法》在推动日本农业实现现代化的同时，也陆续暴露出一些问题，主要有：农业经营规模偏小，兼业化率颇高；农民老龄化程度加重，放弃耕作增加；粮食等主要农产品的进口额大幅增加，粮

食自给率急剧下降；高额的农业补贴严重强化了农户的政策依赖性，并使政府补贴负担沉重[197]。1994 年村山富市接任羽田孜任首相，从 1995 年开始，日本在 WTO《农业协议》框架内开始对国内农业支持政策进行了战后最大力度的调整，逐年降低对农产品的高关税壁垒与价格补贴，将过去的农业支持保护政策（以流通、生产环节为主）转变为"绿箱"政策（以提高农民收入、促进农业结构调整为主），其政策调整内容主要有[310]：① 逐步取消粮食等产品进口的非关税壁垒，使之关税化，并有限度地开放国内农产品市场；② 在"绿箱"政策范围内支持本国农业的发展，最大限度地利用"黄箱"政策，继续干预农副产品的价格形成机制，实施新的价格支持政策；③ 转变农业支持模式，逐步降低对农业的投入力度，以减轻政府财政支出的压力；④ 相继修订了与农业补贴相关的一些法律法规，比如废除了《农业基本法》，1999 年《食品、农业、农村基本法》颁布并实施至今（根据新法的框架，需要对具体政策等制订基本计划，每五年修订一次[197]），其逐步减少粮食直接补贴，强调农业除具有经济功能外，还具有社会功能、生态功能和政治功能等多功能性，加大关注农业环保、人才、基础设施、种植结构等内容，以实现农业的可持续发展。

5.2.4　韩国粮食补贴政策的演变

二战后，朝鲜半岛以北纬 38 度线为界分裂为韩国和朝鲜两国，1948 年大韩民国成立。在自然资源与文化传统等方面，韩国与我国较为相似，更为重要的是其经济与社会发展"先行一步"[320]，因此其在粮食补贴方面的相关经验值得我国借鉴。韩国自建国以来，其历届政府均非常重视粮食问题，制定了一系列粮食政策，根据韩国粮食政策和谐主题的演化过程，可以分为以下三个阶段：

5.2.4.1　粮食增产

由于饮食消费的习惯，大米是韩国社会最重要的粮食品种，然而韩国在建国后即出现了粮食短缺，因此其始终实行"稻米增产政策"，以刺激农民提高大米产量[320]。粮食增产的措施主要包括[197]：研究并推广农业技术、为农户提供生产技术指导、开垦农田、平整耕地、发展农业用水、改良种子、提高农业机械化水平等。1962 年朴正熙担任韩国总统直至 1979 年。1964 年，韩国政府实行了"平衡定价"方法，以适度高于"平衡价格"收购农产品，用以调动农民的种粮积极性。1967 年，农业宪法——《农业基本法》出台，规定了在农产品生产、价格和流通等方面的基本政策方向。1968年，韩国实施"高米价收购政策"，连续四年提高大米收购价格，幅度分别达17%、22.6%、35.9%、25%[128]，高价收购与廉价出售的差额由政府补贴。1970年，《粮食管理法》出炉，建立专门的粮食管理基金用以补贴"高米价收购政策"的差额。1971年，开始开展10余年的大规模农业基础设施建设，使其粮食生产能力得到很大提升。1972年，实施对购买农业机械、农药、化肥的农户给予补贴。1976年，韩国实现大米完全自给。1978年，《农业机械化促进法》颁布，以促进农业机械的开发与普及。

5.2.4.2 增加粮食产量和提高农民收入

在基本实现了粮食自给自足之后，韩国农业进入了商业性农业时代，农业管理机构出现了很多利益冲突[197]。并且，韩国农产品净进口国的身份并未得到改变，其不少农产品仍然需要大量进口，且自身农产品还遭遇美国、欧盟等国家和地区农产品的竞争及关贸总协定补贴削减的双重压力。在这种情形下，韩国对"稻米增产政策"和"高米价收购政策"不断完善，于1984年委托农业协同中央会开始收购大米，并对大米等农产品实行高关税壁垒，以此来实现增加粮食产量和提高农民收入的双重目标[320]。20世纪80年代末，韩国初步构建了以大米价格、生产资料以及农业基础建设三种补贴为主的粮食补贴政策体系。

5.2.4.3 将提高农民收入作为重中之重

韩国大米产量在1987年和1988年超过了600万吨，达到历史最高水平，但其人均大米消费水平却呈下降趋势[320]，导致大米的库存猛增，价格下跌，农民收入减缓；与此同时，"高米价收购政策"也给政府带来了沉重的财政包袱，粮食管理基金的赤字在1993年年底已高达87 000亿韩元，其中因补贴大米种植户造成的赤字就占88.5%[321]；并且，欧美等国家要求韩国开放其农产品市场的压力也与日俱增。1995年WTO成立后，韩国承诺逐步放开大米市场，并对多项进口农产品关税实行贸易自由化调整和逐步削减农业补贴。WTO成立前后韩国出台的一系列的改革措施包括：1990年颁布《农村振兴特别法》，调整农业结构，提高农业生产力；发展农村工业，增加农民收入；改善农业就业人员的生活条件和福利。1989—1994年，相继制定了三套"调整农业生产结构、提高农业竞争力"的综合计划，以应对逐步开放的国内农产品市场[197]。1993年调整了"高米价收购政策"，实行政府和消费者共同补贴种粮农民，改变了原先仅依靠政府补贴的方式。1993 年制定"病虫害综合防治"计划，降低农药和化肥的施用量，1996 年降低化肥的补贴标准并于2005 年取消补贴。1997 年开始对提前退休的农民实行直接补贴政策，年龄在 65 岁以上的农民自愿将自己的土地出售给其他全职农民的，可以获得直接补贴。1999 年开始实行环境友好型农业补贴政策，对执行环境友好型生产的农民（比如不用农药、化肥等进而使其粮食减产的农民）给予直接补贴。2000 年将全国农业合作协会、农村发展公司、农田改良协会等进行合并，加强了农民、消费者和政府之间的联系，促进了农民和消费者参与农业政策的制定[197]。从 2001 年起开始实施对大米进行直接支付，同时开展对农作物的保险工作，即以收入支持为目标的政策[322]。2004 年，继 1994 年后第二次提出推迟 10 年实行大米关税化，以保护大米产业。2005 年颁布《大米收入保全保障法》（历经 9 次修订，最新版本为 2011 年版[323]），该法设定了大米的目标价格，引入了公共储备体系，设立了大米收入保全保障可变直补资金，以稳定农民收入。

5.2.5 中国粮食补贴政策的演变

1949 年新中国成立后，政府通过压低农产品价格的方式为工业发展提供资本积累，这种农业"负保护"政策限制了农业的发展和农民收入水平的提高。1978 年改革开放之后，中国在保持经济稳步增长的同时开始对产业结构进行调整，农业也处于结构调整的发展阶段。2001 年中国"入世"之后，逐渐由农业"负保护"向"正保护"政策转变[311]。尽管 WTO 的基本原则是降低农业保护程度，但是中国农业和整个社会经济的发展却要求建立农业保护政策体系[324]，粮食补贴政策的作用日益重要。中国粮食补贴政策与粮食流通体制密切相关[104, 173, 325]，若以粮食流通体制的改革作为补贴对象或主题转换的标志，中国粮食补贴政策改革大致可划分为以下四个阶段①：

---

① 需要说明的是：（1）据笔者掌握，专家和学者一般认同中国粮食补贴政策与粮食流通体制改革紧密关联（如文献［104］［173］［325］等），粮食补贴政策的演变需要在中国粮食流通体制改革的大背景下进行考察（详见文献［104］），因此"第 5.2.5 节"也以粮食流通体制的改革作为粮食补贴和谐主题转换的标志（对象是"粮食补贴"），进而阐述中国粮食补贴演化史。（2）本书的主要研究对象是"粮食财政直接补贴"。粮食财政直接补贴政策是粮食补贴政策的一部分，在"第 5.2.5 节"中，"第 5.2.5.4 节"属于"粮食财政直接补贴"的内容。（3）若对"第 5.2.5.4 节"所述史实的和谐主题再进行分析（对象是"粮食财政直接补贴"），即为本书第 3 章的研究内容。

5.2.5.1 补贴粮食消费者

自改革开放后到20世纪90年代初,我国在粮票退出流通前一直实行粮食消费补贴政策。城镇居民用粮票买粮的价格比粮食市场价格便宜很多,这两种价格之间的差额,就是城镇居民获得的消费补贴[326]。一般认为,补贴粮食消费者的阶段可以划分为粮食统购统销阶段(1978—1984年)和粮食价格双轨制阶段(1985—1990年)[173]:前一个阶段,粮食流通体制改革处于起步初期,尚未触及统购统销体制,粮食收购政策主要是"减购提价",国家财政用以补贴粮食购销之间的差价和粮食购销企业的经营费用,补贴金额由1978年的38.4亿元增加到1984的234.1亿元,占当年财政收入的比重也由3.4%提升至15.6%[325];后一个阶段,粮食流通体制改革开始撼动统购统销体制,粮食价格"双轨制"形成(即粮食取消统购,改为合同定购,后又改为国家定购;保留统销制度,原统销价不变,亦即进入了政府直接控制的市场与自由交换的市场并存的时期[325])。具体措施为:1985年中央"一号文件"指出,粮食、棉花取消统购,改为合同定购;定购的粮食,国家确定按"倒三七"比例计价(即三成按原统购价,七成按原超购价);定购以外的粮食可以自由上市。如果市场粮价低于原统购价,国家仍按原统购价敞开收购,保护农民的利益。1986年《国务院关于完善粮食合同定购制度的通知》规定:1987年中央专项安排一些化肥、柴油与粮食合同定购挂钩,每百斤贸易粮拨付优质标准化肥6斤、柴油3斤;国家对合同定购的粮食发给预购定金,由粮食部门按合同定购粮食价款的20%发放,在农民交粮时扣还,利息由中央财政负担。由此,粮食合同定购同供应平价化肥、柴油及发放预购定金"三挂钩"。1990年,国务院决定把粮食合同定购改为国家定购,强化农民交售国家定购粮的"义务",确保国家定购任务的顺利完成。从政策实践来看,上述政策措施对保障短缺经济条件下城镇居民的粮食基本需求,作用明显;但统销价格长期不动,异化了粮食的商品属性,加重了国家的财政负担,扩大了工农业"剪刀差",粮食成为农民的"贡品"[221],长期的"挖农补工"使农民利益受损。

5.2.5.2 全面放开粮价

1991—1993年,"保量放价"政策出台,即保留定购数量,收购价格随行就市,取消统销体制[325]。1991年和1992年,国务院两次较大幅度提高对城镇居民的粮食销售价格,平均提价幅度分别达67%和43%。截至1993年底,全国宣布放开粮价的县(市)达95%以上,城镇居民粮食统销体制被打破，标志着我国粮食统购统销政策告终。另外在这一时期，国家还建立了粮食风险基金与储备体系，规定把中央和地方财政调减下来的粮食加价和补贴款要全部用于建立粮食风险基金，这说明粮食补贴开始转向以粮食风险基金为主要存在形式、补贴给粮食企业等流通环节[104]。并且，这一阶段还改进了"三挂钩"的方式，将挂钩的实物折算成现金，在收购价格之外将平议价差（即价外加价）付给农民，在农民向国家交售定购粮时给予一次性支付。

5.2.5.3 补贴粮食流通环节为主

补贴粮食流通环节为主的阶段可以进一步划分为"米袋子"省长负责制阶段（1994—1997 年）和粮食流通体制大变革阶段（1998—2003年)[173]。1994 年《国务院关于深化粮食购销体制改革的通知》中要求，实行省、自治区、直辖市政府领导负责制，负责本地区粮食总量平衡，稳定粮田面积，稳定粮食产量，稳定粮食库存，灵活运用地方粮食储备运行调节，保证粮食供应和粮价稳定。1995 年李鹏总理在《政府工作报告》中强调，要坚持"米袋子"省长负责制，负责"米袋子"就是负责本省的粮食供应，这就要求保证种植面积，提高单产，增加储备，调剂供求，稳定价格。在"米袋子"省长负责制阶段，一方面，国家从 1994年起连续三年提高粮食定购价格，四种主要粮食（稻谷、小麦、玉米、大豆）平均定购价格从 0.52 元/斤提高到 0.82 元/斤[128]；另一方面，仍补贴粮食企业等流通环节，同时也加快了对粮食部门的改革进程，将粮食部门政策性业务和商业性经营分开，建立两条线运行机制。1997 年《国务院关于按保护价敞开收购议购粮的通知》下发，要求把贯彻落实这项基本政策作为"米袋子"省长负责制的一项重要内容。

20 世纪 90 年代初期，我国的粮食总产量稳定在年均 4.4 亿吨左右，1996 年我国粮食获得大丰收，总产量首次突破 5 亿吨大关，农产品供给基本告别了绝对短缺，国家决定适时推进粮食流通体制改革[104]。1998 年《国务院关于进一步深化粮食流通体制改革的决定》下发，指出现行粮食流通体制仍然没有摆脱"大锅饭"的模式，改革的原则是"四分开一完善"，即实行政企分开、中央与地方责任分开、储备与经营分开、新老财务账目分开，完善粮食价格机制。1999 年《国务院关于进一步完善粮食流通体制改革政策措施的通知》规定：黑龙江、吉林、辽宁省及内蒙古自治区东部、河北省北部、山西省北部的春小麦和南方早籼稻、江南小麦，从 2000 年新粮上市起退出保护价收购范围。2000 年《国务院办公厅关于部分粮食品种退出保护价收购范围有关问题的通知》中继续调整保护价收购范围，长江流域及其以南的省、自治区、直辖市地区的玉米退出保护价收购范围。同年《国务院关于进一步完善粮食生产和流通有关政策措施的通知》进一步缩小了保护价收购范围，晋冀鲁豫等地区的玉米、稻谷，可退出保护价收购范围。2001 年《国务院关于进一步深化粮食流通体制改革的意见》进一步提出"放开销区、保护产区、省长负责、加强调控"的改革思路。上述政策措施提高了农民的种粮积极性，改变了粮食供不应求的局面，但同时也陷入"两难"局面：一是粮食产量虽然增加了，但品种结构不合理，顺价销售极为困难，库存严重积压，市场价格持续低迷；二是财政支出负担沉重，越是产粮区财政负担越重，国有粮食企业陷入困境，导致产粮区积极性下降，出现了粮食不安全的隐患[173]。因此，粮食流通体制改革向纵深推进迫在眉睫。

5.2.5.4　补贴粮食生产者

为有效解决原有的按保护价敞开收购及财政补贴国有粮食企业方式所暴露的补贴环节多、成本高、效率低、种粮农民直接得益少等诸多问题，2002 年我国选择安徽省滁州市的天长市、来安县，吉林省的东丰县共三个县（市）进行了粮食直接补贴的试点，全国粮食补贴方式改革的序幕由此拉开。从 2004 年起，国家全面放开粮食收购市场，同时全面推行对种粮农民的直接补贴，同年还开始实施粮食最低收购价政策。2006 年针对化肥、柴油等主要农资价格的上涨情况，国家又增加了农资综合补贴。至此，"粮食财政直接补贴"（即粮食直接补贴、良种补贴、农机具购置补贴和农资综合补贴四种）直接发放到种粮农民手中，而非通过其他载体或途径间接补贴农民，即粮食补贴与流通环节脱钩，补贴转入生产过程，由"暗补"转变为"明补"[327]。2008 年，国家还适时出台了临时收储措施。到 2015 年，我国粮食产量已经"十二连增"。但是，随着工业化、城镇化进程的加快，农业比较效益低下、竞争力减退、生态环境恶化、农产品品质与安全始终难以有效提高、农业发展风险因素增多等问题日趋显现[310]，"粮食财政直接补贴"的边际效应也逐渐递减。因此，借鉴主要发达国家粮食补贴政策的经验，不断完善我国的粮食财政直接补贴政策，对于确保粮食安全和农民增收等具有重要的现实意义。

5.3 主要发达国家粮食补贴政策对中国"谐则"构建的镜鉴与启示

虽然主要发达国家的自然资源禀赋、经济发展水平、社会文化环境等存在差异，然而各国的农业政策随着经济的增长、在经济发展的不同阶段均随之调整与改变，由农业征税改变为农业补贴，经济增长得越快则转变就越迅速[328]，且其努力发挥补贴等农业支持与保护政策的最大效用。在主要发达国家粮食补贴政策演化的过程中，其路径、经验、教训等对我国现阶段和以后一段时期的粮食财政直接补贴"谐则"机制构建与优化均具有镜鉴与启示，主要包括以下六个方面：

5.3.1 增产向增收的演化方向，凸显"谐则"在增收方面改进的必要性

美国、欧盟和韩国粮食生产条件较好，易于实现粮食供给，其粮食补贴的和谐主题均经历了从"增产"向"增收"的演化；而日本地少人多，耕地面积有限，一直强调"增产"，但也越来越注重"增收"与发挥粮食的多功能性。

就我国而言，粮食补贴政策构建于粮食短缺的大背景下。2004 年前，粮食补贴主要投于流通领域[221]，"增收"保障不足；2004 年后，"增收"的地位才逐渐上升，但与"增产"相比，"增收"的政策效果尚不明显。

从和谐管理理论[4-5]可以得知，在变动的环境中，应围绕和谐主题的分辨，以"和则"与"谐则"为手段，提供问题的解决方案，促使组织系统螺旋逼近和谐状态。可见，"谐则"是解决粮食补贴管理问题的两个基本方面之一。

由于本书第 3 章分析得出我国"实际实施的和谐主题"在"增收"方面存在缺陷，因此从粮食财政直接补贴"谐则"着手解决"增收"方面的问题，是非常必要和重要的。

5.3.2 适度加大补贴促"增收"，优化补贴结构减"压力"

农业的经济效益低、风险性大，依据国际贸易中的比较利益理论，

在市场经济条件下，其弱质性特征从理论上说很难得到资金支持和保护。但是，农业同时又是一个特殊产业[329]，鉴于农业在国民经济中的基础性地位，加之其还拥有公共产品属性、外部性和政治经济学等特征，世界各国均不同程度地对农业进行支持和保护。主要发达国家的经验表明，农业克服其弱质性特征得以和谐发展的保障，除了需要良好宽松的政策环境外，更重要的是政府给予财政资金的支持；保障粮农收入是粮食补贴的主要目标之一，采取积极的财政政策，可使粮农收入及其社会福利水平不低于社会平均水平[310]。当前，我国总体上已进入以工促农、以城带乡的发展阶段，随着经济的发展和财政支付能力的提高，适度加大粮食补贴等农业补贴的支持力度，是实现农业可持续发展、促进农民增收等的理性选择。

然而，尽管我国的财政实力不断提升，但由于农业基础还相对薄弱，需要补贴的领域广、环节多、资金需求量大，而我国尚处于工业化中期阶段，国力财力相对有限[330]，并且经济又进入"新常态"，这就需要不断优化粮食补贴结构，改规模扶持为结构扶持，提高补贴资金的使用效率，从而相对减轻政府的财政压力。

比如 WTO《农业协议》按照扭曲程度，将"国内支持"划分为"绿箱"政策、"黄箱"政策、"蓝箱"政策等内容；WTO 鼓励各国减少对生产和贸易产生扭曲作用的"黄箱"政策，尽量采取"绿箱"政策和其他与农业生产不挂钩的收入支持措施。我国现行的粮食支持政策绝大多数属于"黄箱"政策，剩余空间不多，因此应根据美国和欧盟的经验启示，扩大"绿箱"政策的使用范围。

并且，粮食补贴要向适度规模经营倾斜，消除"撒胡椒面""空饷户"等现象；探索建立生产经营者信息数据库，为计发补贴提供信息技术支撑[316]；鉴于我国"粮食财政直接补贴"中的"粮食直接补贴"在执行过程中已与实际播种面积或产量脱钩，因此应把其在政策上明确为脱钩补贴，纳入"绿箱"，为"黄箱"节省为数不多的空间。

5.3.3 补贴长期趋势是"稳中有降"，应有选择地利用好价格支持方式

从主要发达国家粮食补贴的演化进程看，补贴长期趋势是"稳中有降"。主要发达国家此方面的教训对我国的镜鉴有：长期的高强度补贴，易强化农业生产者的政策依赖性，导致补贴进入非良性循环，对内加重政府财政负担，对外国际贸易摩擦不断。以美国为例，其持续的高强度

补贴就造成了上述问题，固然这也源于美国拥有雄厚的财政实力以及在国际贸易中处于强势地位[310]。然而，2008 年金融危机以来，美国政府面临巨额财政赤字和消减预算的压力，农业预算也难以独善其身。根据 2014 年美国新法案，预计 2014—2023 年的 10 年间，财政支出规模将削减 165.04 亿美元[314]。我国经济已进入"新常态"，且尚还是发展中农业国家，也不宜长期巨额补贴。

而事实上，市场价格支持政策指向明确、作用直接，对农业生产具有显著的激励作用，见效较快，主要发达国家始终将其作为农业补贴政策的基础性措施（比如最低保护价），而日本和韩国更是一直保留着严密的市场价格支持方式[197]。我国是发展中大国，保障农产品供给压力较大、补贴能力不强，尚不具备以直接补贴全面代替市场价格支持的条件和时机[310]，因此可将价格支持政策作为一项重要的措施。

然而，应注意减少价格支持政策对市场的扭曲，主要发达国家的镜鉴与启示主要有[128,310]：一是应对其进行"谐则"方面的制度设计，对于我国重要的农产品，可借鉴日本的"稳定价格带"制度，它以市场机制为基础，由政府委托或指定的政策执行机构，通过市场化的购销运作，使价格在超出稳定区间时合理回归；二是价格支持政策既要保障农民收益，也要贴近市场，在排除全球能源价格、人民币汇率等因素变化外，应根据国内外市场联系日趋紧密的新情况，合理确定价格支持水平，防止国内粮食价格大幅背离国际市场，与国际价格严重脱轨；三是重点农产品应主要纳入价格支持的范畴，美国和欧盟已经更多地将市场价格支持转为收入支持，是市场价格支持水平下降最多的国家[197]。长期来看，市场价格支持在整个农业生产者支持估计中所占比重将呈现逐步下降趋势。这为我国带来如下启示：要有选择地利用好价格支持方式，当前需要灵活运用有限的价格支持措施，保障好涉及我国粮食安全和具有竞争优势的重点农产品。

5.3.4　优化一般服务支持结构，尤其重视公共储备的管理效率

农业一般服务支持属于 WTO 的"绿箱"政策，美国是农业一般服务支持份额增加最多、增长最快的国家[197]，其他发达国家也在不断加大力度。主要发达国家的经验表明，重视农业一般服务支持，会给本国农业生产带来长期、稳定的发展；并且，政府对一般服务支持的补贴与其他农业补贴共同构成一种良性的循环模式，不仅可以在一定程度上减轻

其他相关补贴的扭曲效应，还可以减少贸易摩擦[310]。因此，逐步加大对农业一般服务支持的投入力度，能够加固农业发展基础，促进农业生产的发展和农民收入的提升。

一般服务支持的形式较多，其中的"基础设施"可夯实农业发展的基础，增强农业生产动力；"科研和发展"可加速农业技术的推广和成果转化，提高农业生产效率及农产品的质量；"检验检疫服务"可保障食品安全，促进农产品对外贸易的发展；"营销和推广"是实现农产品顺利销售、保障农民生产收益的重要措施；"公共储备"则是保障国家粮食安全、调节不同时期国内外粮食供给的有效手段。值得注意的是，国外（如日本）在对农业一般服务支持中，尤其注重上述前两项一般服务支持的投入力度，它们的充分发展也正是后三项得以存在并发挥作用的前提。因此，针对我国人口多、底子薄、人均耕地面积少的现实状况，应尤其注重加大对农业"基础设施"和农业"科研和发展"的补贴力度，以改善农业生产经营条件，加速农业现代化进程[310]，实现"稳产"与"增收"。

值得一提的是，"公共储备"是粮食市场上的一个重要因素，而过高的粮食储备也会加重政府的财政负担。近年来，美国政府不断降低储备管理的运行成本，鼓励农民增加自有储备，扩大社会、农民私人储备的规模，粮食储备有3/5在民间。日本的粮食储存采取民间为主、政府为辅的政策，大米储藏仓库分为农业仓库（农协和农户拥有）、自备仓库（粮食收购企业）、出租仓库（商业）和储备仓库（政府）。对于我国来说，粮食托市收储的副作用越来越大，国家储备越来越多，为了应对超储，又需进行大量粮食轮换，这扭曲了市场供求关系[331-332]。考虑到在一般服务支持中，合理分配不同时期的财政补贴资金、实现补贴结构的动态优化，对于释放一般服务支持的各项功效尤为重要[310]，因此为了优化一般服务支持的结构，在确保国家粮食安全的前提下，要利用我国地域广阔、粮食成熟期交错对供给的有利影响，发挥"藏粮于民"的优势[221]，把我国"公共储备"的补贴空间更多地分配给其他项目，探索引入民间资本等多元化投入机制。

5.3.5 完善资源与环境友好型补贴，保障农民收益

长期以来，为确保粮食增产，我国化肥、农药等施用量快速增长，地下水资源被过度开采。而粮食补贴政策也偏向粮食增产，对粮食品质、

资源与环境等欠缺关注，粮食质量安全问题增大了人体的健康风险，粮食生产的可持续性亦受到严峻考验。

鉴于此，我国必须借鉴发达国家经验，适时采取"环境友好型"的投入品补贴政策[310]，将粮食补贴成为农村环境保护工程重要的有机组成部分，让农民在获得补贴的同时承担保护环境等多样化的责任[221]，引导农民遵循自然规律，使用清洁能源、有机肥进行生产活动，加强土壤及水资源保护，促进粮食生产和谐、可持续发展。

与此同时，应进一步建立与加强有机农产品认证、创建有机农产品品牌等配套制度，从而起到良好的示范带动效应；并提升有机农产品的价格，以补偿执行"环境友好型"农业的成本[197]，达到农民"增收"的目标。

5.3.6 促进补贴政策的制度化，加强农业保险在内的政策法制化建设

我国的粮食补贴政策以政府文件形式发布居多，形成过程的透明度不强，系统性和连续性较弱，地方执行随意性较大[197]，缺乏法律的规范与约束；并且政策利益相关者的参与程度不高，农民及其利益集团在政策制定中的影响很小[311]，农民对政策的稳定性心存疑虑较多且认可度较低，影响了政策的贯彻执行[197]，与当前中央全面推进"依法治国"的要求相比，"粮食财政直接补贴"依法行政还存在着诸多薄弱环节。

因此，应借鉴主要发达国家的经验，根据国内外环境和农业发展阶段等，建立制度化的相关政策启动、执行与退出等机制，促进我国"粮食财政直接补贴政策"的制度化、规范化、程序化，增强其系统性、持续性、稳定性，形成"粮食财政直接补贴制度"并加以完善；亦即针对当前粮食财政直接补贴"和谐主题"在"增收"方面改进的需求，更多地考虑农民及其利益集团的利益诉求，促进其对补贴形成持久、稳定的心理预期，探索构建农民及其利益集团参与农业政策制定的机制，在"谐则"层面进行设计与优化。

并且，要加强我国农业支持政策的法制化建设，做好每个项目的财政预算，细化实施方案，采取严格的监控措施和奖惩措施。在 WTO 规则框架下，应把政策目标和支持措施法律化，加快立法进程，形成保护农业的法律体系，使其有章可循，增强其权威性。农业保险属于 WTO 规则提倡的"绿箱"政策，牵涉到政府、保险机构及农民等多方利益，主要发达国家均通过政府财政补贴方式，配以法律形式固定下来，使农业保

险成为规避农业风险、加强农业支持、保护农民收入的重要途径[197,310]。我国是世界上遭受自然灾害最为严重的国家之一，自然灾害对农民收入的影响很大，而增加农民收入首先需要稳定其收入[197]。为此，我国应加强农业保险立法建设，进一步完善《农业保险条例》的实施细则，将农业保险的保障水平从保成本、保产量逐步向保收入转变，使农业保险成为一项强农惠农的长期稳定制度。

5.4　本章小结

　　基于和谐管理理论，对于"粮食财政直接补贴"来说，其"制度"是可以规划设计的"谐则"问题，但"粮食财政直接补贴制度"的说法目前并未得到学术界的广泛接受与认同；而从"粮食财政直接补贴政策"的视角切入、研究相关"谐则"问题不仅可行，而且可为后期从"制度"层面反思"政策"、促进"粮食财政直接补贴政策"的制度化、形成与完善"粮食财政直接补贴制度"等，打下良好的基础。

　　本章通过研究主要发达国家粮食补贴政策的演变及改革历程，发现绝大多数国家和地区（如美国、欧盟和韩国）由于粮食生产条件较好，易于实现粮食供给，其粮食补贴的和谐主题均经历了从"增产"向"增收"的演变。分析并汲取主要发达国家在"谐则"方面的经验与教训及对我国"谐则"机制构建的镜鉴与启示，有助于总结主要发达国家粮食补贴政策的一般趋势和发展特征，有利于为我国"粮食财政直接补贴"政策的动态调整和不断完善提供借鉴和参考，并为下文粮食财政直接补贴"和谐耦合"分析和"和谐主题漂移"研究打下基础。

6

粮食财政直接补贴"和谐耦合"的非线性动态演化分析

在第 4 章和第 5 章的分析中,本书从和谐管理理论解决管理问题的两个基本方面——"和则"与"谐则"的视角,分别研究了粮食财政直接补贴的"和则"与"谐则"问题,得出了一些具有一定现实性与前瞻性的决策依据。然而,和谐管理理论指出[4]:"和则"与"谐则"并不是"孤零零"的两套规则体系,两者的运用并不必然保证组织管理问题的圆满解决,没有和与谐的"耦合",就不能建立能够良性互动、推动组织向着所期望的秩序发展的"和谐统一体"。因此,研究粮食财政直接补贴的"和谐耦合"是非常必要且重要的。

本章拟从分析粮食财政直接补贴"和谐耦合"的非线性和复杂性现象出发,构建其非线性动态演化模型;借助李雅普诺夫指数,分析系统的动力学行为,得到混沌吸引子;结合统计年鉴的相关数据,运用非线性最小二乘回归法,获取实际系统的参数;实证分析粮食财政直接补贴、粮食产量和农民种粮收入之间的一系列演化行为。

6.1 粮食财政直接补贴"和谐耦合"的机理阐释

6.1.1 粮食财政直接补贴中的"和谐耦合"释义

《辞海》[303]对"耦合"的解释是:"耦合"是指两个(或两个以上的)体系或运动形式之间通过各种相互作用而彼此影响以至联合起来的现象。例如,两个单摆中间连一根线或一弹簧,它们的振动就此起彼伏,这是单摆的耦合;原子内部电子的总角动量就是自旋角动量和轨道角动量的耦合。又如两个或两个以上的电路构成一个网络时,其中某一电路中电流或电压发生变化,能影响到其他电路也发生相应的变化,这种现象叫电路的耦合,电路之间的耦合方式有电阻耦合、电感耦合、电容耦合、互感耦合、电阻电容耦合等。《现代汉语词典》[304]对"耦合"的解释与《辞海》基本相同，即："耦合"在物理学上指两个或两个以上的体系或两种运动形式间通过相互作用而彼此影响以至联合起来的现象。如放大器级与级之间信号的逐级放大量通过阻容耦合或变压器耦合；两个线圈之间的互感是通过磁场的耦合。

可见，在自然科学中，"耦合"强调了子系统（子体系）之间相互影响、相互作用、相互联系、相互协调、相互促进等的动态关联关系，这对具体的组织、社会等"有人参与的系统"的相关关系研究有重要启示。

和谐管理理论指出[4-5,36]："和谐耦合"面对的是"有人参与的系统"，"和谐耦合"是在"和谐主题"下对"和则""谐则"关系的调节，是"和则"与"谐则"围绕"和谐主题"在组织不同层级间相互作用的适应和演化的过程，而组织的管理体系也正是"诱导演化"和"理性设计"在一定条件下相互耦合的结果。首先，"和则""谐则"的相互作用、相互支持及其匹配程度，体现了系统的共时耦合。比如，面对组织成员的民主需求（参与管理、监督管理等），领导者和管理者应提供更多的制度化的表达渠道和方式，而不是将其求解之道交付给"和则"，只依靠成员非正式的互动来满足其诉求。其次，"和则""谐则"在一定条件下的相互转化，体现了系统的历时演进。对"和则"的深化部分在一定条件下会转化为"谐则"，而人在"谐则"运用过程中的能动反应又会产生新的问题，需要运用新的"和则"来解决，因此可以认为"和则"与"谐则"的"耦合"过程是一个螺旋式的互动推进过程。最后，系统在"和则""谐则"的作用下，具有一种"涌现"的特征，这一特征是系统整体所具有的，而非"和则"或"谐则"单独起作用所能够产生的。和中有谐、谐中有和，和、谐相互渗透，通过围绕"和谐主题"的双规则耦合，系统结成了"整体之网"，为动态一致性的达成准备了条件[333]。形象地说，和谐管理理论主张"两条腿"走路——如果把"和则"与"谐则"比作"两条腿"的话，那么"和谐耦合"就是要解决如何才能做到步调一致、协调有序，即如何才能走得又稳、又快、又好的问题[4]。

粮食财政直接补贴的"和则"与"谐则"虽然给出了由人要素（主要指农民和政府）和物要素（主要指补贴政策）引起的复杂性的应对思路，但是，粮食财政直接补贴管理实践中所遇到的问题，并不能仅仅简单地划分到这两种类型之下，它们是相互交织且不断变化的，因此，粮食财政直接补贴"和谐耦合"本身就是一个演化的过程[51]，是粮食财政直接补贴的"和则"与"谐则"在依赖、调节和转化[51]等互动中不间断地螺旋式推进的过程[5]，属于动态的、非线性的复杂科学问题[4]。

6.1.2 粮食财政直接补贴"和谐耦合"的复杂性机理描述

已有研究认为，"和则"与"谐则"的"耦合"关系包括了三层含义[55]：分别是两种机制的互动、相互转化和有机整合。鉴于"和谐耦合"是一个"演化的过程"，因此在动态演化的视角下理解这些关系更为合理[51]。在一个纵向时间段里，"和则"与"谐则"的"耦合"关系类型可以概括为[51]：① 两种机制互为基础，相互协调；② 两种机制在演化过程中相互调节；③ 随着时间的推移，一种机制中的部分要素会转变到另一种机制中。

上述第③种类型最能体现"耦合"的特征。以"粮食财政直接补贴"为例，一方面，随着粮食财政直接补贴政策的演化，某些新的规定（如激励措施等）会逐渐被农民了解，获得其内心的认同，农民的主观能动性、种粮积极性得以提高，从而变为他们的习惯。这样，政策中新的硬性规定转变为了软要素，即"谐则"转变为"和则"。另一方面，农民主观能动性、种粮积极性的发挥，可以发现和弥补新的政策规定中的不足与漏洞，政府会对政策设计进行进一步的优化，即对"和则"的深化部分在一定条件下又转化为新的"谐则"（基于和谐管理思想[4-5,51]，其演化过程如图6-1所示）。

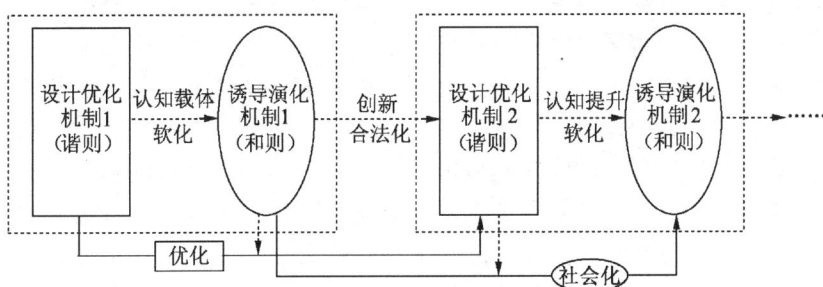

图6-1 粮食财政直接补贴"和则"与"谐则"的相互转化

本书在第4章研究"和则"时，涉及农民种粮的时间投入、政府粮食补贴、农民种粮收入、粮食产量、国内粮食市场价格、农民种粮的资金投入、政府的社会福利、粮食目标价格等诸多要素；在第5章研究

"谐则"时，需要优化的涉及对象包括粮食补贴力度、农民种粮收入、粮食产量、补贴结构、粮食价格、公共储备等一般服务支持结构、资源与环境友好型补贴、农业保险、补贴法律法规等。

可见，"和则"与"谐则"的"耦合"有很多影响因素，且其影响因素之间的关系是非常复杂的，为了更好地开展研究，简化模型，本书在"和谐耦合"分析时主要考虑了与"和则"及"谐则"密切相关的三个变量，即粮食财政直接补贴、粮食产量与农民种粮收入，它们三者均与农民种粮投入时间有关；相关参数设置也考虑到与"和则"和"谐则"关系紧密的有关要素。

事实上，仅仅上述三个变量之间的关系已经颇为复杂。比如，如果农民种粮收入不高，就容易放弃粮食生产，进而影响粮食产量，最终影响国家粮食安全；而运用高补贴通过刺激农民增加种粮的各方面投入（时间、资金等），国家财政又可能难以长期维持补贴的高增长趋势，而且还可能导致粮食严重过剩；而一旦补贴出现问题，依赖高补贴"生存"的粮食生产体系又可能发生系统性风险。

如何解决上述问题呢？从方法论的视角看，动力系统理论研究的是随时间演化的定性行为，如系统的平衡态、周期运动、混沌运动及系统长时间的渐近行为等。鉴于线性动力系统理论的简单性和相对完善性，过去人们往往用它来处理大多数的实际问题，并在一定范围内取得了较为满意的结果，但是这些也多是以忽略实际系统的各种制约因素为代价的。随着科学技术的不断进步，线性动力系统理论的局限性越来越明显，因此建立非线性动力系统理论，并利用其解释各种复杂性问题，成为人们进一步深入了解客观世界的必然趋势[334]。

非线性动力系统理论[335-337]更多地拥有交叉学科的特征，近年来随着计算机技术的快速发展，这一理论进入了一个新的成长期，很多长期认为难以求解的非线性问题的数值求解与分析均获得了成功。由于自然现象与社会现象是极其复杂的，外界对系统的影响及系统内部的相互作用常常是非线性的，所以它们的动力学规律必须用非线性动力学方程来表述。这些非线性动力学方程除极少数外，一般都不存在解析解，但它们确有异于线性动力学方程解的一系列独特性质，因而需要对非线性动力系统开展专门研究[334]，以便为解决复杂性实际问题提供帮助。

鉴于此，本书构建随时间变化的粮食财政直接补贴、粮食产量与农民种粮收入这三个变量的演化系统（并考虑前文"和则""谐则"的部分内容作为参数），其呈现的非线性关系更贴合实际，用混沌理论综合分析三者的非线性关系，可以较好地表现出各变量之间的相互作用、彼此影响及其联合起来的特征；能够克服以往研究模型构建浅易、变量单一、线性关系简单等缺陷。

6.2 粮食财政直接补贴"和谐耦合"的非线性动态演化模型

6.2.1 模型建立

依据一定时期内粮食财政直接补贴、粮食产量、农民种粮收入相互依存的演化关系，提出的非线性动态演化模型如方程（系统）6-1 所示。

$$
\begin{cases}
\dfrac{\mathrm{d}x}{\mathrm{d}t} = z(R - y) - x \\[2mm]
\dfrac{\mathrm{d}y}{\mathrm{d}t} = xz - By \\[2mm]
\dfrac{\mathrm{d}z}{\mathrm{d}t} = P\big[x + (Q - z)\big]
\end{cases}
\tag{6-1}
$$

式（6-1）中 R、B、P、Q 均为大于零的常数，其中各参数/变量的代表意义如下：

$x(t)$ 为随时间变化的政府补贴（指"粮食财政直接补贴"）；

$y(t)$ 为随时间变化的粮食产量；

$z(t)$ 为随时间变化的农民种粮收入；

R 为粮食安全储备下的粮食安全产量；

B 为农民种粮成本；

P 为农民种粮收入的增长系数；

Q 为农民务工收入。

方程（6-1）中第一个公式表示：政府补贴 $x(t)$ 的增加量受到农民种粮收入 $z(t)$ 和粮食产量 $y(t)$ 的影响，以及原有政府补贴量的抑制。R 作为粮食安全产量，当 $R > y$ 时，说明市场上粮食有过剩的趋势，这时应适度减少政府补贴；当 $R < y$ 时，说明粮食市场上粮食有短缺的趋向，此时应适度加大政府补贴，以刺激农民种粮。另外，当原有政府补贴量已经很大时，为减轻国家的财政负担，政府补贴增加的幅度应小一些。

方程（6-1）中第二个公式表示：粮食产量 $y(t)$ 的增加量受到政府补贴 $x(t)$ 和农民种粮收入 $z(t)$ 的综合影响。不管是政府补贴还是农民种粮收入增加，粮食产量均有增加的可能性。B 作为农民种粮成本，表示种粮成本越小，粮食产量增加的幅度就越高。

方程（6-1）中第三个公式表示：政府补贴 $x(t)$ 的增加会促进农民种粮收入 $z(t)$ 的提升。Q 作为农民务工收入，是农民种粮收入 z 的对比参照物，当 $Q > z$ 时，运用政府补贴促进农民种粮收入的幅度应加大；反之则应减小。P 作为农民种粮收入的增长系数，表示农民种粮收入的增幅（并不与政府补贴，以及农民务工收入与种粮收入之差的变化同等幅变化），其受到了政府补贴及务工收入与种粮收入之差的组合的共同影响。另外，粮食产量与农民种粮收入之间的关系，并不简单地服从供求规律，粮食产量增加，农民种粮收入有可能增加也可能减少，因此为了方便研究方程（6-1），第三个公式中没有考虑粮食产量这个变量。

6.2.2　模型平衡点及稳定性分析

根据劳斯-霍尔维茨（Routh-Hurwitz）判别法，可以判断系统平衡点是否稳定[338-339]，系统（6-1）的雅可比矩阵 $\boldsymbol{J}$ 为：

$$\boldsymbol{J} = \begin{bmatrix} -1 & -z & R-y \\ z & -B & x \\ P & 0 & -P \end{bmatrix} \qquad (6\text{-}2)$$

系统（6-1）是一个非常复杂的动力系统，R、B、P、Q 取不同的值，会出现不同的动力学行为。笔者经过测试与数值仿真后发现，当方程（6-1）取如下参数时，展示出非常好的动力学行为，因此对系统（6-1）固定系数如下：

$$R = 20，B = 8/3，P = 10，Q = 20 \qquad (6\text{-}3)$$

通过计算得出系统（6-1）有一个实平衡点：s_1（2.371 4，19.894，22.371 4）。

固定该模型的系数如式（6-3），计算得在 s_1 处的雅可比矩阵的特征值为：$\lambda_1 = -1.370\ 4 + 22.515\ 1i$，$\lambda_2 = -1.370\ 4 - 22.515\ 1i$，$\lambda_3 = -10.925\ 9$，所有的特征值的实部都小于 0，因此 s_1 为稳定鞍点。

6.2.3　系统混沌现象分析

李雅普诺夫指数是用来度量运动对初值的敏感程度的量，若最大李雅普诺夫指数大于零，就会有混沌现象存在[340-342]。固定系统的参数如式（6-3），取初值[7，4，10]，此时相应的李雅普诺夫指数图，如图6-2所示。

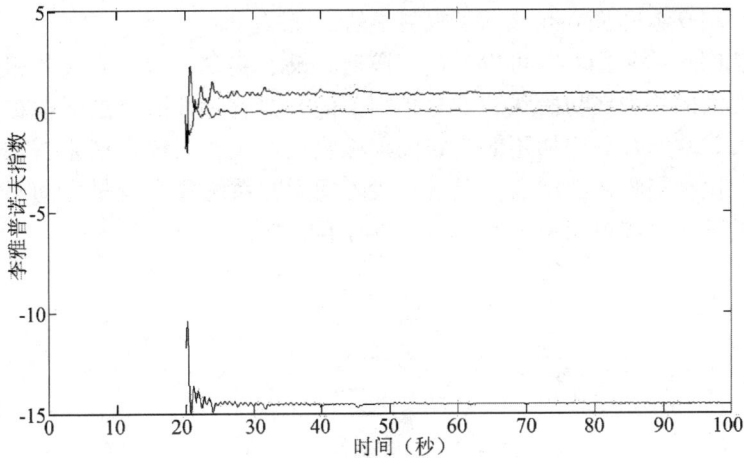

图 6-2　李雅普诺夫指数图

可见系统有正的最大李雅普诺夫指数，因此系统有混沌存在，这时可以得到一个混沌吸引子。吸引子是系统被吸引并最终固定于某一状态的特征，它是指这样的一个集合[342-344]：当时间趋于无穷大时，在任何一个有界集上出发的非定常流的所有轨道都趋于它。本书得到的吸引子可称之为政府补贴约束下的产量收入吸引子，如图 6-3 所示。

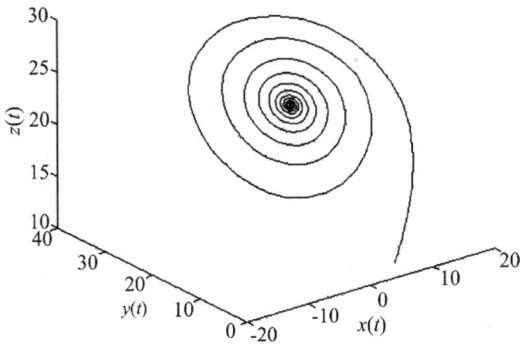

图 6-3　产量收入吸引子

从图 6-3 可以看出，随着时间的增加，系统的轨线进入了圆饼状的结构中，即政府补贴、粮食产量、农民种粮收入之间的关系此时呈现出无序的混沌状态。

系统相图在二维平面的投影，能够更为详尽地了解系统轨线的运动规律，图6-4～图6-6显示了吸引子的二维图。

从图6-4～图6-6可以看出，政府补贴、粮食产量、农民种粮收入两两之间的关系在初始状态下是正相关的，即政府补贴增加促使粮食产量增加，政府补贴增加还促使农民种粮收入增长，而粮食产量增加也促进了农民种粮收入的增长。但是一段时间后，系统各个变量之间不再是简单的正相关或负相关，而是会呈现出不规则的循环现象。

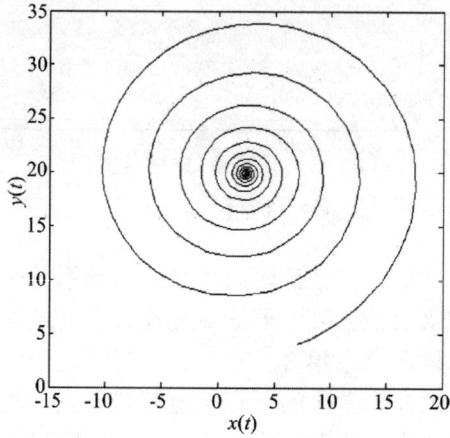

图6-4　产量收入吸引子关于 x-y 的二维图

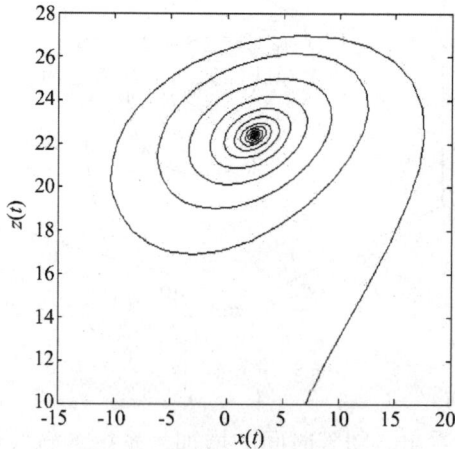

图6-5　产量收入吸引子关于 x-z 的二维图

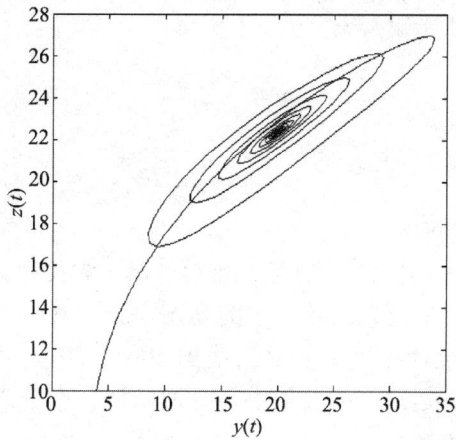

图6-6　产量收入吸引子关于 y-z 的二维图

　　系统（6-1）的时间演化历程如图6-7所示。系统的时间序列图能够很好地观察变量是否随时间变化而呈现出某种趋势，还可以很好地显示系统运行的频率和振幅，图6-7显示了 $x(t)$、$y(t)$、$z(t)$ 的时间序列图。

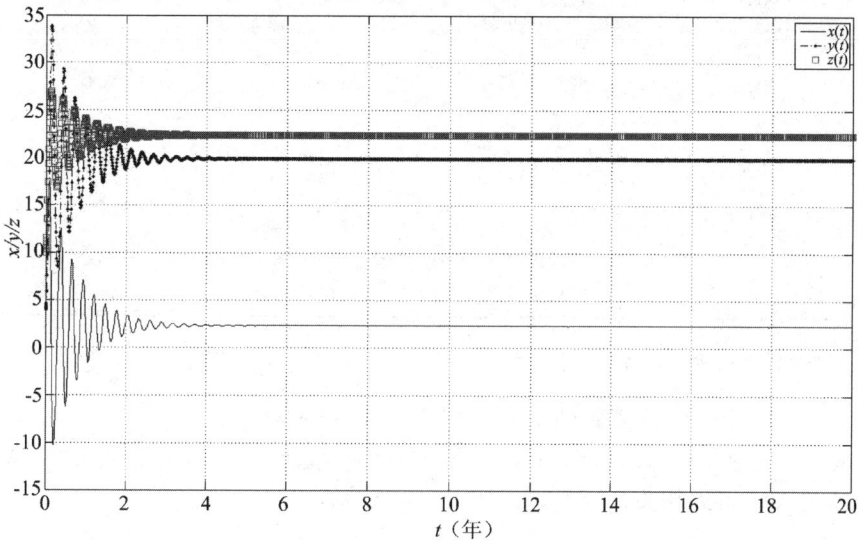

图6-7　系统关于 t-xyz 的时间序列图

　　从图6-7可以看出，政府补贴和粮食产量在期初会出现剧烈的振荡现象，随着时间的增加，振幅越来越弱，后期逐渐趋于稳定。而农民种粮收入在期初显现出轻微振荡的现象，随着时间的增加，振幅也越来越小，最后基本趋于平稳。

6.3 实证分析

6.3.1 参数获取

系统（6-1）是根据政府补贴、粮食产量、农民种粮收入三者之间相互支持、相互制约的复杂关系建立的动态模型，其中参数的选取有重要意义。本书根据统计年鉴，获得了我国 2004—2012 年三者的相关数据（如表 6-1 所示），运用非线性最小二乘回归法对参数进行拟合，以便得到实际系统中的参数。

表 6-1 根据统计年鉴得到的各变量的统计数据

年份	x（亿元）	y（万吨）	z（元）
2004	145.2	46 947	1 056.5
2005	173.7	48 402	1 097.7
2006	309.5	49 804	1 159.6
2007	513.6	50 160	1 303.8
2008	1 030.4	52 871	1 427.0
2009	1 274.5	53 082	1 497.9
2010	1 225.9	54 648	1 723.5
2011	1 406.0	57 121	1 896.7
2012	1 643.0	58 958	2 106.8

资料来源：表 3-4、表 3-6、表 3-11。

对表 6-1 中的数据进行归一化处理：$\bar{x}_i = (x_i - x_{min})/(x_{max} - x_{min})$，$\bar{y}_i = (y_i - y_{min})/(y_{max} - y_{min})$，$\bar{z}_i = (z_i - z_{min})/(z_{max} - z_{min})$，用非线性最小二乘法拟合得到相关系统参数，如表 6-2 所示。

表 6-2 根据实际得出的系统方程（6-1）的参数

R	B	P	Q
5.91	0.66	0.03	4.99

6.3.2 参数分析

6.3.2.1 政府补贴、粮食产量、农民种粮收入的混沌现象分析

取系统参数为表6-2中的数据，可任选一年的数据作为系统的初始值，本书考虑到2004年是实施"粮食财政直接补贴"的首年且属起步探索阶段，因此选择第二年即2005年归一化后的数据作为系统的初始值。初始值为 [0.04，0.02，0.12]，得到实际系统的吸引子相图如图6-8 ~ 图6-11所示，显示实际系统并不是处于稳态发展的。系统的吸引子相图可以反映出在当前的条件下政府补贴、粮食产量、农民种粮收入的发展轨迹和未来发展趋势，能够帮助决策层更为有效地做出决策。

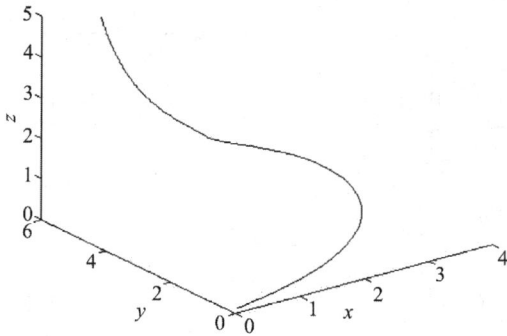

图6-8　实际系统关于 x-y-z 的三维图

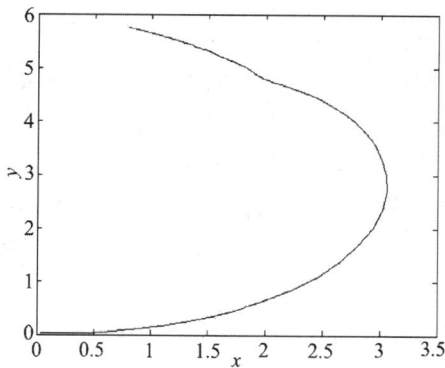

图6-9　实际系统关于 x-y 的二维图

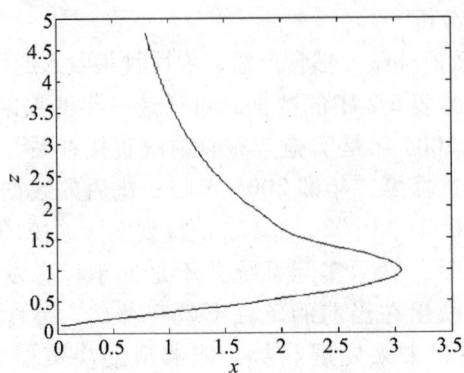

图 6-10　实际系统关于 x-z 的二维图

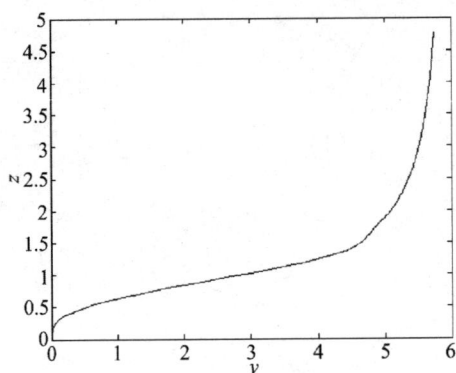

图 6-11　实际系统关于 y-z 的二维图

　　从图 6-9 可以看出，在一定时间内，政府补贴增加，粮食产量也增加，一段时间后随着政府补贴的减少，粮食产量呈现单向螺旋式上升。这是由于期初政府补贴的增加用以鼓励农民种粮，则粮食增产；后期，当农民种粮越来越注重规模化经营时，即使政府对农民的补贴有所下降，粮食产量依然会增加。对于图 6-10，在前期，政府补贴的增加促进农民种粮收入的增加；当农民种粮收入达到一定峰值后，政府或许会减少对农民的补贴，因为对农业的过度保护不仅不利于提高农民的生产效率，而且会使国家财政背负沉重压力。但是，即使政府减少补贴，农民的种粮收入依然会增加。这是由于当农民种粮收入达到一定程度时，会更加倾向于规模化经营及科学种粮，种粮成本比以前大大降低了，所以种粮收入反而比以前提高了。图 6-11 说明粮食产量增加可能使农民种粮收入增加，但是期初粮食产量增加影响农民种粮收入提升的幅度很小，后期提升的幅度很大，这主要是科学种粮所带来的好处。

实际系统的时间序列图如图 6-12 所示。

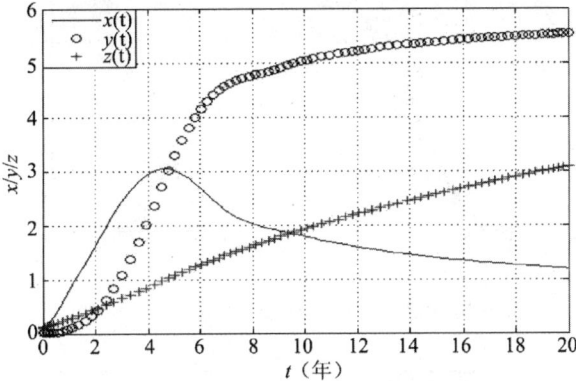

图 6-12 实际系统关于 t-xyz 的时间序列图

由图 6-12 可以看出，在此参数范围内，随着时间的增加，一开始政府补贴增加的速度最快，经过一段时间达到补贴的最高点后则开始缓慢降低；粮食产量起初持续增加，后期基本趋于稳产状态；农民种粮收入则基本上以一定的增长率持续平稳的增长。

6.3.2.2 系统对参数和初值的敏感依赖性分析

混沌系统对参数和初始值有很强的敏感依赖性，其中一个参数或者初始值的变化都有可能引起系统运行轨线的变化[336, 345 – 346]。

（1）R 值变化分析

R 指粮食安全储备下的粮食安全产量。取系统参数为表 6-2 中的数据，初始值为 [0.04，0.02，0.12]，把 R 的值在原来的基础上分别减小 0.5 和增大 0.5，即令 $R = 5.41$ 和 $R = 6.41$，可以得到粮食产量随时间变化的比较图和农民种粮收入随时间变化的比较图，如图 6-13 和图 6-14 所示。

从图 6-13 和图 6-14 可以看出，粮食安全储备下的粮食安全产量增大，则粮食产量会增加，这是符合实际的结果。但粮食安全产量的变化对农民种粮收入影响不大，这主要因为粮食安全产量更多地体现的是国家粮食安全的战略要求。

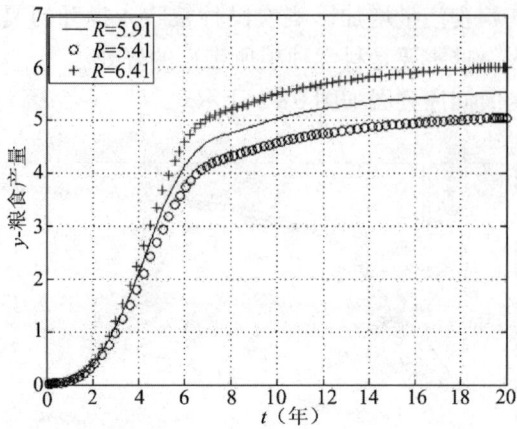

图 6-13　R 值变化后粮食产量随时间变化的比较图

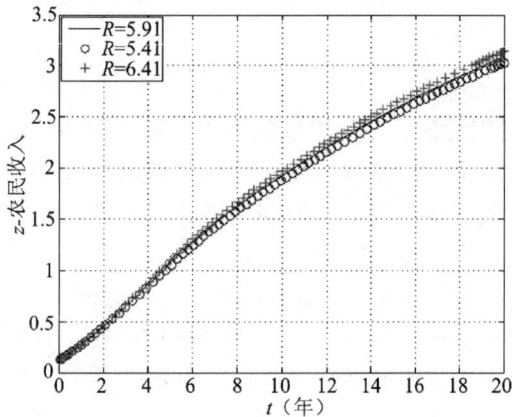

图 6-14　R 值变化后农民种粮收入随时间变化的比较图

（2）B 值变化分析

B 指农民种粮成本。取系统参数为表 6-2 中的数据，初始值为 $[0.04，0.02，0.12]$，把 B 的值在原来的基础上分别减小 0.5 和增大 0.5，即令 B＝0.16 和 B＝1.16，可以得到粮食产量随时间变化的比较图和农民种粮收入随时间变化的比较图，如图 6-15 和图 6-16 所示。

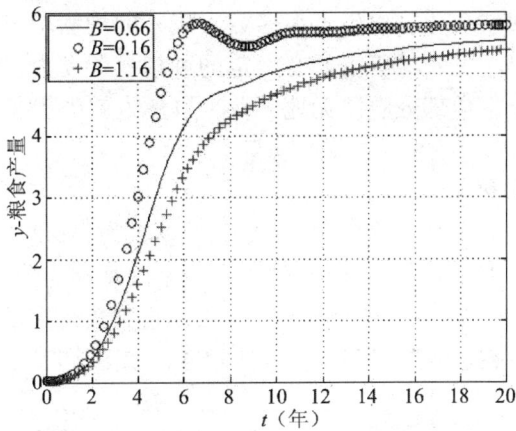

图 6-15　B 值变化后粮食产量随时间变化的比较图

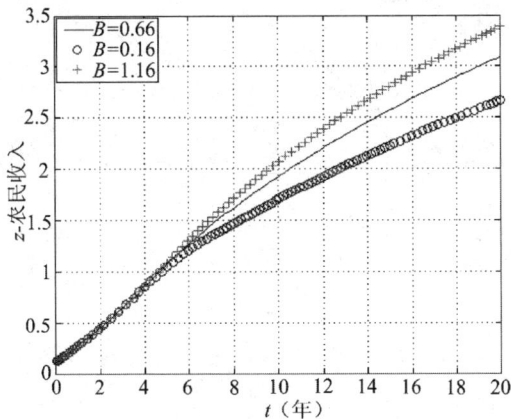

图 6-16　B 值变化后农民种粮收入随时间变化的比较图

从图 6-15 和图 6-16 可以看出，农民种粮成本降低，起初粮食产量增加得很快，达到峰值后小幅下降，又逐渐上升在高位趋向稳产，这与实际情况基本吻合。农民种粮成本的变化在前期对农民种粮收入并没有明显的影响，之后出现分岔，农民种粮成本低时所获得的收入反而不如种粮成本高时所获得的收入，这仍然是可以解释的，至少存在以下三种可能性：一是由于种粮成本低的农民依旧保持的是一家一户的分散经营，其种粮收入自然不如种粮成本相对要高的适度规模经营。二是过度规模经营违背了农业生产的基本规律，降低了土地生产率和粮食产量，进而造成收入减少；并且，少数人占用大家的土地去获得超高收入，导致农民阶层过度与过快分化，妨碍了大多数人收入的均衡增长。三是即使后期城镇化率较高，但农村仍需要有一定的种植业劳动力，如果城镇化过快过猛过急，会造成部分农民无地无业，自然也就失去了在土地上增收的机会。

（3）P 值变化分析

P 指农民种粮收入的增长系数。取系统参数为表6-2中的数据，初始值为 [0.04，0.02，0.12]，把 P 的值在原来的基础上分别减小 0.02 和增大 0.02，即令 $P = 0.01$ 和 $P = 0.05$，可以得到粮食产量随时间变化的比较图和农民种粮收入随时间变化的比较图，如图 6-17 和图 6-18 所示。

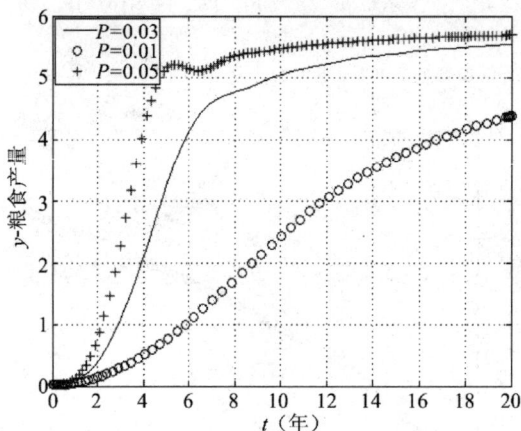

图 6-17　P 值变化后粮食产量随时间变化的比较图

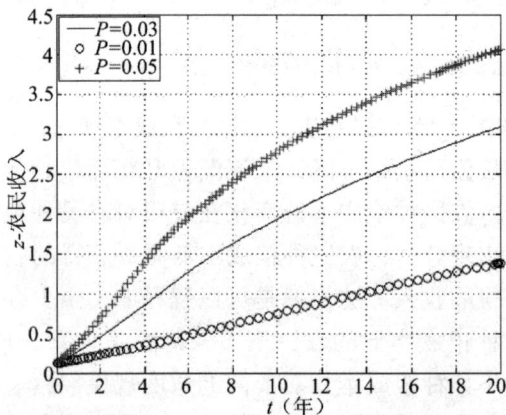

图 6-18　P 值变化后农民种粮收入随时间变化的比较图

从图 6-17 和图 6-18 可以看出，农民种粮收入的增长系数变大，粮食产量和农民种粮收入均会提升；对比两图还能够发现，农民种粮收入提升时的变化比粮食产量的变化要大，说明农民种粮收入的增长系数主要是对种粮收入起作用。

（4）Q 值变化分析

Q 指农民务工收入。取系统参数为表 6-2 中的数据，初始值为 $[0.04, 0.02, 0.12]$，把 Q 的值在原来的基础上分别减小 0.5 和增大 0.5，即令 $Q = 4.49$ 和 $Q = 5.49$，可以得到粮食产量随时间变化的比较图和农民种粮收入随时间变化的比较图，如图 6-19 和图 6-20 所示。

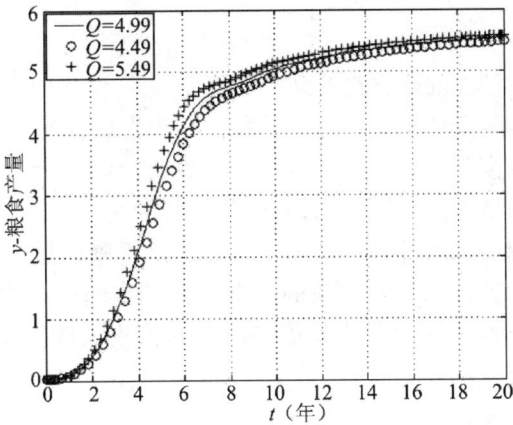

图 6-19 Q 值变化后粮食产量随时间变化的比较图

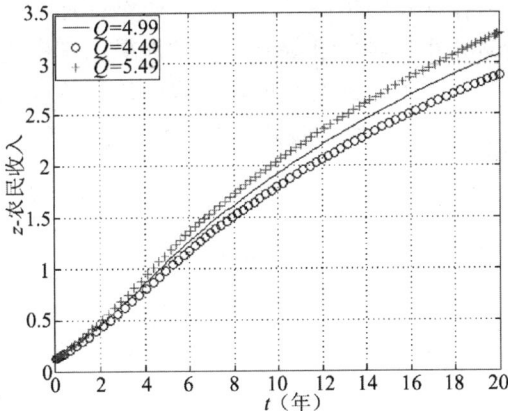

图 6-20 Q 值变化后农民种粮收入随时间变化的比较图

从图 6-19 和图 6-20 可以看出，农民务工收入的变化，对粮食产量变化的影响并不明显。而农民务工收入增加，农民种粮收入也提升，反之则减少，这是一个有意思的趋势，说明随着城镇化进程的不断推进，农民将越来越少，给规模化经营创造了条件，而外出务工农民的收入保持一定的增长水平，能够使其安心在城市打工，不至于返乡与仍然留在农村的农民"争资源"，可使留守农民或者新型职业农民通过规模化经营提升种粮收入。

6.4　本章小结

本章界定了粮食财政直接补贴"和谐耦合"概念的内容与性质，描述了其非线性、复杂性现象，构建了粮食财政直接补贴"和谐耦合"的非线性动态演化模型，并对其进行了实证分析。以一定参数范围内的实际系统关于 $t\text{-}xyz$ 的时间序列图为例，其得到的启示有：从长期趋势看，我国的"粮食财政直接补贴"会先上升后平稳下降，这与主要发达国家粮食补贴的演化进程是基本一致的，也契合了我国经济进入"新常态"的背景；粮食产量的长期趋势是稳产；而农民收入则保持平稳的增长，这为"粮食财政直接补贴"下一阶段"和谐主题的漂移"指引了方向。

通过粮食财政直接补贴"和谐耦合"分析，可以指引系统学习与知识积累，为现实中富有创造性的领导（L）"洞见/灵感/直觉"的产生和带有管理特征的协作秩序的扩展开辟一条途径[4]；有助于"粮食财政直接补贴"整体管理水平的诊断和提升，科学地揭示其中的机理或思维过程，有利于提升管理水平，进而促进其整体绩效的持续改进；总结和揭示耦合现象及其规律，也为面对复杂问题时提供了有效的问题解决之道。

7

第 7 章
粮食财政直接补贴 "和谐主题的漂移" 研究

本书在第 3 章通过对比 2004—2012 年粮食财政直接补贴 "实际实施的和谐主题"（即 "增产为首要，增收为主要"）与 "理应执行的和谐主题"（为 "增产与增收应并举"），发现两者有差别，主要原因是 "增收" 方面存在缺陷，指出 "实际实施的和谐主题" 需要尽快 "漂移"。第 4—6 章，主要从演化视角分别关注了粮食财政直接补贴的 "和则" "谐则" "和谐耦合" 在 "增收" 等方面的优化与完善，以便为下一阶段①三者最终收敛与互动的对象——"和谐主题的漂移" 打好基础。

本章拟通过对粮食财政直接补贴 "和谐主题漂移" 的主客观动因分析，为下一阶段的 "和谐主题" 指明漂移方向，以便为优化和完善 "粮食财政直接补贴" 提供更富有前瞻性的决策依据，促进 "粮食财政直接补贴" 和谐发展。

7.1 粮食财政直接补贴 "和谐主题漂移" 的概念模型

7.1.1 对 "和谐主题漂移" 的再思考

和谐管理理论指出[4-5, 23]："和谐主题漂移" 是指组织为了更好地适应环境（E）、组织（O）、领导（L）等的变化，从 "原和谐主题" 转变为 "新和谐主题" 的过程。特别地，按照 "新和谐主题" 能否被清晰表述、被有效把握、被有意识实现等，"和谐主题漂移" 的过程可分为 "隐性漂移" 和 "显性漂移"。

虽然和谐管理理论指出 "漂移" 一词也可理解为替代、更迭、转换、变迁等[4]，但本书认为，选择 "漂移" 一词赋予 "和谐主题" 并与其搭配使用是十分精妙的。

---

① 上一阶段指 2004—2012 年；下一阶段指 2013 至未来的某年。

原本，"漂移"的汉语语义是指"在液体表面漂浮移动"[304]，可形象地认为"和谐主题"船儿浮在海面顺着海流或者海风吹动的方向移动，蕴涵了和谐主题"隐性漂移"的特征；而如果对于海浪、气象、水文等的变化，行船者对船儿进行把持，则初显了和谐主题"显性漂移"的端倪；进一步讲，"漂移"还常常是越野拉力赛里的一个赛车术语，也称侧滑、滑胎、甩尾，是指车手以过度转向的方式令车子侧滑行走，目的是在过弯时保持引擎高转速、克制转向不足，这就如同"显性漂移"，集中体现了人的能动作用。

"隐性漂移"主要映现了和谐主题的"渐变"；而"显性漂移"则更多地涌现出和谐主题的"突变"，其"革命性"变化特征更加明显。突变并不容易驾驭，正像赛车中的"漂移"（相当于"显性漂移"）在过弯时车速减损较多、轮胎损耗较大，且方法不当会造成事故一样，突变甚至可能引起"和谐主题"漂移过程的失衡、失控或崩溃，因此领导（L）的掌控等本领显得尤为重要。

7.1.2 粮食财政直接补贴中的"和谐主题漂移"诠释与概念模型

粮食财政直接补贴"和谐主题漂移"是指粮食财政直接补贴为了更好地适应外部环境（E）、补贴系统（O）、补贴政策制定者（L）等的变化，从"原和谐主题"转变为"新和谐主题"的过程。为便于分析，本书将"原和谐主题"界定为上一阶段"实际实施的和谐主题1'"，而把"新和谐主题"认定是下一阶段"理应执行的和谐主题2"（或者说是：下一阶段"和谐主题1'应漂移的方向：和谐主题2"）。当然，粮食财政直接补贴"和谐主题"在其自身的演化过程中一定会存在下一阶段"实际实施的和谐主题2'"，它与下一阶段"理应执行的和谐主题2"的关系是：可能一致，也可能部分一致，还可能不一致，如图7-1所示。

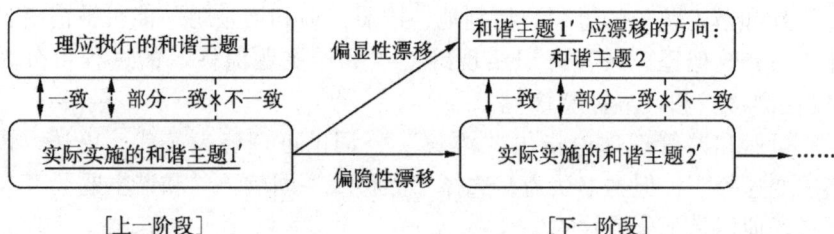

图7-1　粮食财政直接补贴"和谐主题漂移"的概念模型

7.2 粮食财政直接补贴"和谐主题漂移"的动因

7.2.1 客观动因

和谐管理理论指出[4]:"和则""谐则"及二者围绕和谐主题的"和谐耦合"构成了"和谐机制","和谐机制"的构建一方面使组织本身趋近内部和谐,另一方面也使组织与环境走向外部和谐。一旦其逼近和谐态的演进进程被打破,组织便产生了"和谐主题漂移"的压力,而能够打破和谐进程的导火索可能来自组织本身(O,包括了"和谐机制")及组织所处环境(E)的诸多要素的新变化[4],这是"和谐主题漂移"的客观动因[4, 23]。

本书自第3章发现2004—2012年粮食财政直接补贴"实际实施的和谐主题"(即"增产为首要,增收为主要")在"增收"方面存在缺陷、"和谐主题漂移"的压力已经产生后,第4章、第5章和第6章围绕"和谐机制"的三个子集——"和则""谐则""和谐耦合",对其优化与完善"增收"等内容的演化作了分析,这实际上研究了粮食财政直接补贴系统本身(O)的部分新变化。为便于系统阐述粮食财政直接补贴"和谐主题漂移"的客观动因,下文又综合分析了上述"和谐机制"的新变化。

7.2.1.1 粮食财政直接补贴的"O"的新变化

(1)粮食财政直接补贴"和谐机制"方面:"增收"地位上升,"稳产"成为趋势

综合第4—6章的研究可知,要刺激农民种粮的积极性和能动性,在一定时期内政府选择高补贴策略,能够使农民种粮的时间投入保持一定的量;通过"粮食财政直接补贴"促进农民"增收"是世界主要经济体的普遍做法,并且一般演化趋势是"增收"的地位高于"增产","增产"演变为"稳产";受WTO规则及政府财政支出压力的制约,"粮食财政直接补贴"不可能一直在高位运行,会沿着先升后降的轨迹前行。

(2)"粮食财政直接补贴"补贴额度方面:几近触顶"黄箱","绿箱"蛰伏待动

我国现行的粮食支持政策绝大多数属于"黄箱"政策,按照入世协

议，我国农业微量许可的补贴是 8.5%。这个 8.5% 有两层含义[347]：一是对农业的全部补贴不能超过农业总产值的 8.5%，二是粮、棉、油等特定农产品的补贴不能超过该品种总产值的 8.5%。按照上述标准，前期我国实行的多项补贴继续提升的空间已经很小。全国人大农业与农村委员会主任委员陈锡文曾用数据说明[348]：2013 年"粮食财政直接补贴"支出约 1 700 亿元，而同年粮食产值约为 16 000 亿～17 000 亿元，那么补贴只能是 1 400 亿～1 500 亿元；由于上述 1 700 亿元中包括对棉花、大豆、糖料的补贴，因此对于谷物的补贴基本上已经到了承诺的底线。

WTO《农业协议》鼓励各国减少对生产和贸易产生扭曲作用的"黄箱"政策，尽量采取"绿箱"政策和其他与农业生产不挂钩的收入支持措施。由于我国"黄箱"综合支持量的额度逼近上限，与"增收"相关的"绿箱"将成为"主角"。

（3）"粮食财政直接补贴"结构调整方面：支持适度规模经营，提高种粮大户收入；优化补贴制度设计，体现惠民公平理念

对于粮食直接补贴、良种补贴、农资综合补贴来说，针对近年来一些种粮大户承包土地之后，无法享受这三项补贴（补贴仍由原承包农民领取）、难以抵挡农资价格上涨对种粮利润的侵蚀以及损害其种粮收入的情况，2015 年 5 月，财政部、农业部印发的《关于调整完善农业三项补贴政策的指导意见》决定[349-350]：一是在全国范围内调整 20% 的农资综合补贴资金用于支持粮食适度规模经营；二是选择部分地区开展农业"三项补贴"改革试点。这有利于改变原有补贴"人人有份""撒胡椒面""空饷户"等现象的弊端，推动种粮格局新变化，刺激规模化生产，提高种粮大户的收入，形成良性补贴机制。

就农机具购置补贴而言，2015 年 1 月，农业部办公厅、财政部办公厅印发《2015—2017 年农业机械购置补贴实施指导意见》[351-352]：将补贴对象扩大到所有从事农业生产的个人和组织，补贴品类向粮、棉、油、糖等主要农作物集中，使补贴流程更简便、信息更公开，这有利于优化制度设计，体现了惠民公平、便民高效等理念。

7.2.1.2　粮食财政直接补贴的"E"的新变化

（1）世界经济复苏缓慢，中国则进入"新常态"

当前，世界经济的复苏力度一直低于预期，经济前景仍然充满诸多不确定性。我国放慢了长期过度依赖投资和出口拉动的经济高增长的脚步，由高速向中高速增长换挡。虽然我国进入了中等收入国家行列（按

照国际标准，中国在 2012 年的人均 GDP 达到了 6 100 美元），但也面临着学界所称的"中等收入陷阱"（历史表明，自二战以来，许多发展中国家都曾在这一发展阶段陷入了经济增长回落和长期停滞，能成功跨越这一"陷阱"的国家极少）[353]，进入了矛盾叠加、风险增多、爬坡过坎的关键时期。

（2）粮价"天花板"和粮食生产成本"地板"出现双重挤压现象，凸显补贴政策调整的迫切性

我国粮食最低收购价政策和临时收储政策实施 10 余年来，对调动农民种粮积极性、确保国家粮食安全等发挥了重要的作用，但国内粮食价格也因此持续多年上涨。近期，我国出现了国内与国际市场、产区与销区、原粮与成品粮的粮价的多重倒挂与扭曲现象。由于我国主要粮食价格已高于国际市场价格，顶破三层"天花板"[354]的挑战与危险日渐增多。与此同时，由于粮食生产成本逐年提高，粮食生产成本"地板"不断抬高，这导致"天花板"与"地板"之间的空间越来越狭窄（如图 7-2 所示），粮食财政直接补贴政策的调整、创新与升级迫在眉睫。

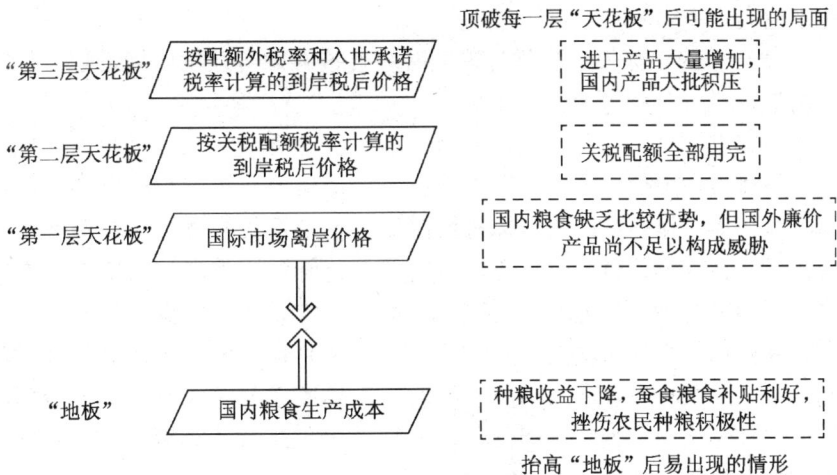

图 7-2　粮价"天花板"与粮食生产成本"地板"的双重挤压图

（3）环境和资源的两道"紧箍咒"，对粮食生产的约束越来越紧

以当前的土地资源来测算，我国农产品自给率仅能达到 80%，但却"服务"于国内 90%的农产品需求，国务院发展研究中心学术委员会秘书长程国强指出，这是以资源环境超载为代价而实现的，主要表现在[355]：一是将部分湿地与草地资源开发成耕地，这些珍贵的自然资源日

益萎缩，导致生态环境、生态平衡等被严重破坏；二是地下水超采严重，由于一味追求粮食增产，对地下水的过度消耗，引发地下水位速降、河道断流、地面沉降等诸多的环境负效应问题；三是农业面源污染加重，我国在粮食生产方式方面除了上述的依赖"大水"（用水量大、方式粗放）外，"大药、大肥"现象也很普遍，由此带来土壤板结、地力下降、环境污染、农药残留等问题。现行的粮食支持政策偏向于粮食增产，对粮食品质、资源与环境等内容缺乏应有的关注，导致粮食生产的可持续性遭受威胁。

（4）新型城镇化使农业生产方式转向集约化，"增收"地位凸显

随着我国城镇化进程的快速推进，农业生产方式将逐渐从传统小农生产方式转变为集约化或者规模化的生产方式；以家庭承包经营为基础，专业大户、家庭农场、农民合作社、农业产业化龙头企业为骨干，其他组织形式为补充的新型农业经营体系也在日趋完善。"增收"作为提高集约化种粮积极性的手段，对缩小城乡居民收入差距作用很大，跳出了"增收"必须以"增产"为前提的路径，其效率和价值更高，地位也将越来越高。

（5）新的目标价格改革与粮食财政直接补贴等政策协同推进，保障农民收入

2014年中央"一号文件"指出：完善粮食等重要农产品价格形成机制，坚持市场定价原则，探索推进农产品价格形成机制与政府补贴脱钩的改革，逐步建立农产品目标价格制度。在市场价格过高时补贴低收入消费者，在市场价格低于目标价格时按差价补贴生产者，切实保证农民收益。2014年我国启动新疆棉花、东北（辽宁、吉林、黑龙江）和内蒙古大豆目标价格补贴试点，并在试点省（区）取消相关农产品的临时收储政策。这意味着农产品领域中政府与市场关系的重大调整，由最低收购价、临时收储政策向目标价格转换是市场化改革的必然选择。建立和实施农产品目标价格改革，并非要取代和废弃其他相关政策措施，而要协同推进保障农民收入。上海立信会计金融学院杨光焰教授指出[356]：目标价格改革的目标具有多元性，其最终目标是保障农民基本收入、推进农业产业可持续发展；而提高农产品竞争力、完善农产品定价机制等则属于中介目标。《2015中国粮食市场发展报告》主编李经谋认为[357]：目标价格改革的重要任务是切实保障农民的基本收益，稳定粮食价格。可见两位学者均将"增收"放在了首位。

7.2.2 主观动因

和谐管理理论认为[4-5,23]：领导（L）的思维定式、洞察力、应变力、创造力、解释力等因素是"和谐主题漂移"的主观动因。本书绘制了"和谐主题漂移"的主观动因的基本因素图（如图7-3所示），并用表7-1对基本因素的主要含义进行了解释。鉴于不同领导的上述因素一般有差别，因此和谐管理理论认为重要领导的变更，往往会带来"和谐主题"的变化。

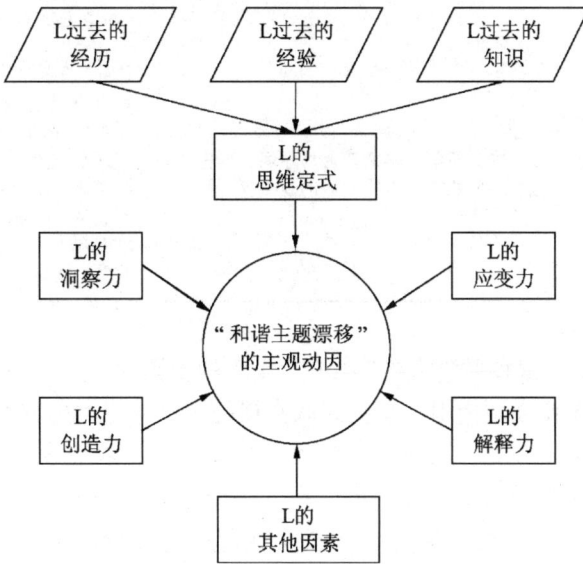

图7-3 "和谐主题漂移"的主观动因的基本因素

表7-1 主观动因的因素类别与解释

主观动因的因素类别	主要含义	作用
思维定式	由过去的经历、经验、知识所形成的[4]、比较稳定的、定型化了的思维路线、方式、程序、模式。"定式"是指长期形成的固定的方式或格式，也作"定势"[304]；故"思维定式"同"思维定势"。	领导（L）根据思维定式来了解环境，感知压力，从一系列潜在的"新和谐主题"中判定并明确表述一个最为满意的"新和谐主题"。
洞察力	深入、清楚地察知事物或问题的能力，透过现象看本质。	领导（L）形成正确的"和谐主题"。

主观动因的因素类别	主要含义	作用
应变力	随机应变的能力，即对新事物、事物环境的变化、突然发生的情况等所具有的判断与转化能力。	领导（L）及时且坚定地调整"和谐主题"。
创造力	从事创造性活动并获得创造性成果的能力[303]，如产生新思想、创造新概念、想出新办法、建立新理论、发明新设备、创作新作品、做出新成绩等。	领导（L）不因循守旧，不局限于固定的思维模式，敢于突破前人和自身的思维定式且实事求是地判定"和谐主题"。
解释力	分析阐明事物变化的原因、事物之间的联系、事物发展的规律等的能力。	领导（L）对"新和谐主题"进行清晰地描绘、解释与传播，与相关利益主体成员进行大量有说服力的沟通，使"新和谐主题"被成员充分理解与共享[4]，以有利于"和谐主题漂移"的平稳性。

7.2.2.1 粮食财政直接补贴的"L"的变更

前文第 3 章强调指出，粮食财政直接补贴政策绝大多数是由国务院、财政部、国家发改委、农业部、国家粮食局、中国农业发展银行等机构或部门单独或联合制定与发布的，在动态演进的过程中，其"理应执行的和谐主题"的责任主体是上述机构或部门的领导组成的"智囊团"，而国务院的领导即国务院总理则是"智囊团主席/队长"。2013 年 3 月 15 日，李克强同志接任国务院总理（此前 10 年，温家宝同志任国务院总理），因此粮食财政直接补贴"和谐主题"具备了漂移的可能性。

7.2.2.2 "L"新变化的主观动因类别描述

2013 年 3 月 20 日，国务院第 1 次全体会议通过《国务院工作规则》，同年 3 月 23 日印发，并在 2018 年修订后于 6 月 25 日印发。《国务院工作规则》在第二章"组成人员职责"中明确，"国务院工作中的重大事项，必须经国务院全体会议或国务院常务会议讨论决定""国务院实行总理负责制""总理领导国务院的工作"；在第三章"全面正确履行政府职能"中强调，"国务院要……加强和完善经济调节、市场监管、社会管理、公共服务、生态环境保护职能……全面提高政府效能创造良好发展环境，提供基本公共服务，维护社会公平正义"。可见，国务院总理作为国务院及其各部门的领导（L），在讨论决定重大事项、履行政府职能等方面，担当着最重要的角色和责任，在"粮食财政直接补贴"问题上同样如此。

本书考虑到公开文件报告的可获得性、连续性，以及新闻报道对主要领导报道的相对丰富性、相对多样性等特征，按照和谐管理理论在分析"和谐主题漂移"的主观动因时理应研究的上述内容要求，用表7-2和表7-3来共同分析粮食财政直接补贴"和谐主题漂移"的主观动因。

表7-2　李克强同志在政府工作报告中关于"粮食财政直接补贴"等的主要观点和理念

年份	主要观点和理念
2014	以保障国家粮食安全和促进农民增收为核心……确保谷物基本自给、口粮绝对安全……强化农业支持保护政策……农业新增补贴向粮食等重要农产品、新型农业经营主体、主产区倾斜……不管财力多么紧张，都要确保农业投入只增不减……今年再减少农村贫困人口1 000万人以上。我们要继续向贫困宣战，决不让贫困代代相传。
2015	让农业更强、农民更富、农村更美。今年粮食产量要稳定在5.5亿吨以上，保障粮食安全和主要农产品供给……多渠道促进农民增收，保持城乡居民收入差距缩小势头。持续打好扶贫攻坚战……难度再大，今年也要再减少农村贫困人口1 000万人以上……无论财政多困难，惠农政策只能加强不能削弱，支农资金只能增加不能减少。

资料来源：国务院政府工作报告（2014—2015）（中华人民共和国中央人民政府网站：http://www.gov.cn/）。

从表7-2可以看出，在2014年和2015年的政府工作报告中，对于下一年的工作部署，一方面，"增产"一词不再受到"青睐"，"稳产"的理念却更加鲜明，如2015年提出"今年粮食产量要稳定在5.5亿吨以上"（2013年和2014年我国粮食产量均已超6亿吨）。另一方面，"促进农民增收""以保障国家粮食安全和促进农民增收为核心""让农民更富"等观点和理念，充分说明"增收"的地位应得到进一步加强与提升。

表7-3部分显示了新闻报道视角下的李克强同志之思维定式（由过去的经历、经验、知识等形成）等的描述。考虑到新闻报道具有真实性、自主性（主要指记者不是依赖政府相关材料写报道，而是自主地进行调查活动）、典型性、重要性等特征，以及百度百科规定：对涉政词条

（一般为"锁定"状态，属于锁定词条）的创建与更新，务必提供官网或新闻权威参考资料，因此，可以判定表7-3的内容是符合事实、逼近真相的。

表7-3　基于新闻报道的李克强同志过去的经历、经验、知识等主观动因描述

新闻报道来源	新闻信息提取与精炼	主观动因归类
程瑛，2013[358]；陈振凯，2013[359]；新华网，2013[360]；肖楠，2015[361]；百度百科（"李克强"词条），2015[362]	李克强同志步入社会的第一个身份是"农民"，第一个"职位"是生产队大队支书。……	过去的经历
仲文，2013[353]；程瑛，2013[358]；陈振凯，2013[359]；新华网，2013[360]；肖楠，2015[361]	4年的知青岁月，让李克强对"放权"形成最初概念，也孕育了他脚踏大地的民本情怀。……	过去的经验
仲文，2013[353]；新华网，2013[360]；肖楠，2015[361]；百度百科（"李克强"词条），2015[362]	1978—1982年，北京大学法律系学习；1988—1994年北京大学在职研究生学习，获经济学硕士、博士学位。……	过去的知识

注：考虑到在学术专著中不宜对现任领导人的主观动因进行描述与评价，本表仅列出了基于新闻报道的李克强同志过去的经历、经验、知识等主观动因的个别描述，感兴趣的读者可与作者联系索取详细描述的相关资料，E-mail：wwwxxx0915@ sina. com。读者还可以从以下新闻报道中，了解其洞察力、应变力、创造力、解释力等其他主观动因的描述：洞察力，详见文献［358］［361］［363］；应变力，详见文献［353］［364］［365］；创造力，详见文献［353］［358］［361］；解释力，详见文献［353］［361］［363］［366］［367］。也可与作者联系索取相关资料。

从表7-3及其附注中的文献内容可知，不管是从思维定式之过去的经历、过去的经验、过去的知识，还是从洞察力、应变力、创造力、解释力来看，由于李克强同志是"从农民中走出来"的，在此后的求学、研究、从政的生涯中，始终都在求解一个"'增产不增收'之谜"（"粮食产量增长了，农民的日子却始终没富起来"），因此其"三农"情结更加深厚，把"让农民富裕起来当做自己的使命"，提出"最重要是让农民富起来"，促进农民"增收"，让农民过上现代生活。

7.2.3 "和谐主题漂移"的方向：增收为首要，稳产为主要

从客观动因来看，粮食财政直接补贴"和谐机制"的演化预示着"增收"地位上升，"稳产"成为趋势；补贴额度的困境和补贴结构的调

整，说明与"增收"相关的"绿箱"政策越来越受到重视；中国已进入"新常态"，并需要努力跨越"中等收入陷阱"；粮价"天花板"和粮食生产成本"地板"的双重挤压，以及环境和资源的两道"紧箍咒"，彰显补贴政策亟须调整方向；新型城镇化使农业生产方式转向集约化及目标价格新政策的出台，进一步凸显了"增收"的地位。

从主观动因来说，粮食财政直接补贴的"智囊团主席/队长"发生了变更，使粮食财政直接补贴"和谐主题"具备了漂移的可能性。从新闻报道对李克强同志的思维定式、洞察力、应变力、创造力、解释力等因素的描述来看，一方面，他当过农民，懂得农民的辛劳，怀着给农民打工的志向，"最重要是让农民富起来"，可见其对"增收"的高度重视；另一方面，他所作政府工作报告中的理念以及在总理批示中强调"稳定粮食生产"，均体现了"稳产"的和谐思想。

综合主客观动因，对于粮食财政直接补贴"和谐主题"来说，"增收"逐渐上升到首位；"增产""风光不再"，"稳产"日益受到重视。本书认为，"促进农民增收和粮食稳产，增收为首要，稳产为主要"将成为下一阶段粮食财政直接补贴"和谐主题"的漂移方向，如图7-4所示（字母HT代表"和谐主题"）。

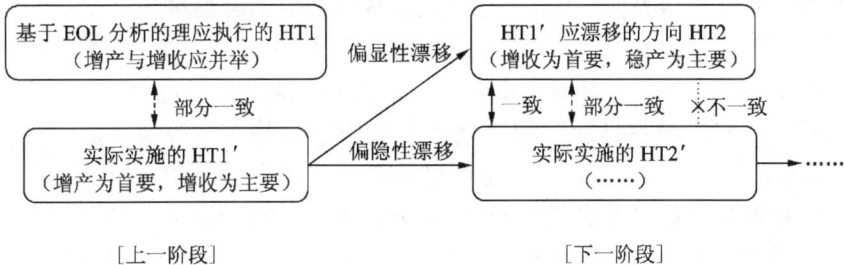

图 7-4　粮食财政直接补贴"和谐主题"的漂移方向

7.3　粮食财政直接补贴"和谐主题漂移"的支撑创新理念

虽然本书通过主客观动因辨识出了下一阶段粮食财政直接补贴"和谐主题"的漂移方向，但仍需要一定的条件作为支撑才有利于其顺利实现。和谐管理理论指出[4-5]：组织文化是最容易导致组织惯性的一种要素，在许多情况下它因难以做出相应变革而成为"和谐主题漂移"的障碍。和谐管理理论认为[4-5]：为了摆脱旧的组织文化对"和谐主题漂移"的消极影响，必须把创新理念根植于"组织规范和共同认可的价值观"上，为"和谐主题漂移"提供深层动力。可见，创新理念对"和谐主题漂移"具有非常重要的作用。

对于粮食财政直接补贴"和谐主题漂移"的支撑条件来说，其创新理念集中体现在其战略目标上，因为创新本身就是战略目标的重要内容，战略目标能指引建立上文所指的"组织规范和共同认可的价值观"。事实上，正像战略"还没有一个放之四海而皆准的定义"[368]，"战略目标"的概念也在不断发展和丰富中，基于不同的视角和研究的需要，对其认识有时存在一定的差异。尽管如此，对于"① 战略目标的制定主体是组织的最高层；② 战略目标具有全局性、方向性和长期性；③ 一个愿景期内可以不止一个战略目标"[18]等特征，管理学界是普遍认同的，上述三个特征分别启示我们：①"粮食财政直接补贴"战略目标的制定主体是国家；②"粮食财政直接补贴"的战略目标可以指明补贴的发展道路；③"粮食财政直接补贴"的战略目标可能并不唯一，可以有两个甚至多个。

已有研究指出"绩效受到并体现战略目标的影响"[369-371]、"绩效与战略一致性正相关"[4, 372]。考虑到我国现有研究对补贴绩效（效果）的评价主要为"是否增产"和"是否增收"两方面（详见"第 1. 2. 3. 2节"），并且补贴目标相对集中在"以粮食安全为最终目标""偏向增产目标""偏向增收目标"和"增产与增收目标并举"等四方面（详见"第 1. 2. 2. 2 节"），因此站在战略的高度，可以研究"粮食财政直接补贴"的战略目标（并非"目标"）是否包含了"粮食安全"和"农民增收"这两方面内容，还存在哪些不足，进而创新相关理念，以此作为粮食财政直接补贴"和谐主题漂移"的支撑条件。

7.3.1 对"粮食安全"国家战略的再思考

在前文第 3 章中，本书对《中国粮食市场发展报告》（2005—2013）、《中国粮食发展报告》（2005—2013）、《中国粮食年鉴》（2006—2013）这三种粮食年鉴的大事记及其扩充资料进行研究，通过编码、文本处理、语义划分和关键词提取等方法，经过讨论、分析和总结，最终辨识出2004—2012 年粮食财政直接补贴体系的 4 个主要任务与 35 个主要活动。其中，4 个主要任务是：粮食增产、农民增收、粮食增产与农民增收、完善粮食财政直接补贴体系，它们对应的主要活动个数分别是 13 个、5 个、10 个、7 个，而与"粮食增产"任务有关的活动个数（13 个 + 10 个）在总活动（35 个）中的占比接近了 70%。

应该明确，"任务"与"战略目标"密切相关，"战略目标"需要转化为"任务"①来实施，而"任务"最终会落实到"活动"上。考虑到 2004—2012 年"粮食财政直接补贴"的大部分活动是与"粮食增产"任务有关的，且"粮食增产"任务的实施主要是为了实现"粮食生产安全"，而"粮食生产安全"又是"粮食安全战略"的基石，因此可以判定"粮食安全"是"粮食财政直接补贴"的战略目标。

7.3.1.1 学术界和决策层对"粮食安全战略"的认识

事实上，无论是我国学术界还是决策层，对"粮食安全战略"的认识均是较为深入的。从学术界来看，笔者登录中国知网的中国学术期刊网络出版总库（1979—2014 年），以"粮食安全战略"为"关键词"和"篇名"分别进行检索，显示有 579 篇和 105 篇论文，其中发表在"核心及以上级别"期刊的论文分别为 129 篇和 40 篇。

从决策层来看，我国历史上长期为饥荒、粮食供给不足所困扰，"粮食安全"与朝代更替关系密切，因此历代统治者均重视农业，以"粮安天下"。新中国成立以来，尽管也经历了三年困难时期（1959—1961 年），但我国政府始终将粮食安全问题摆在了极其重要的战略地位，化解了各种粮食危机，用仅占世界约 7% 的耕地和约 6% 的淡水资源，养活了世界上约 22% 的人口，创造了世界奇迹。2000 年，《中共中央关于制定国民经济和社会发展第十个五年计划的建议》首次将"粮食安全"写入了党中央的正式文件；2008 年，《国家粮食安全中长期规划纲要（2008—2020 年）》开篇首句就强调"粮食安全始终是关系我国国民经济发展、社会稳定和国家自立的全局性重大战略问题"；2013 年，中央经济工作会议提出了新形势下的国家粮食安全战略（即"以我为主，立足国内，确保产能，适度进口，科技支撑"，随后召开的 2013 年中央农村工作会议再次重申了这一战略），并强调要做到"谷物基本自给、口粮绝对安全"，将"粮食安全战略"上升到一个新的高度。

---

① 我国宝钢集团有限公司在第二次创业时，就遵循过"将战略（战略目标）转化为任务"的基本原则。详见王丹云：《宝钢之路系列报道之六：员工与企业的共同发展之路》，《中国冶金报》，2011 年 2 月 15 日第 1 版。

7.3.1.2 对"粮食安全战略"的再思考

（1）强调谷物基本自给，趋同国际粮食概念，利于走出增产误区

上文提到 2013 年中央经济工作会议用"谷物"（一般包括稻谷、小麦、玉米等）的概念代替旧有的"粮食"（一般包括稻谷、小麦、玉米、豆类、薯类等）的概念，强调"谷物基本自给"而不是"粮食基本自给"，不仅使我国的粮食、粮食安全的概念与国际惯例相趋同（联合国粮食及农业组织 FAO 的粮食的概念主要指谷物），而且不再强求豆类和薯类的自给率，有利于采用适度进口（即不一定通过国内生产）豆类和薯类的方式，来缓解耕地资源的紧张状况；更重要的是，将人们从以往过度追求粮食"生产越多越好""储备越多越好""消费越多越好"等误区中唤醒并走出来。

长期以来，就粮食生产而言，人们习惯地将"粮食增产"等同于"粮食安全"（前文第 3 章在分析"粮食财政直接补贴"的主要任务与活动时也发现了这一问题），一味追求高产，以化肥和农药的投入倍增、地下水的超采等牺牲生态环境为主要代价的粮食产量"十二连增"，不仅严重破坏了农业生产的自然再生产基础，而且引发了影响整个粮食安全系统及其他社会经济体系和谐发展的诸多问题。

（2）仓容扩建亟须加强，降低用水迫在眉睫，超级稻产出也应均衡

以仓储为例，粮食连年增产，导致国家粮食收储压力凸显，储备库容紧张，成本越来越高，浪费有所加重。2014 年 6 月 25 日，面对"仓容总体紧张，部分地区严重不足"的状况，国务院曾专门召开"粮食收储和仓储设施建设"常务会议，部署做好相关工作；2014 年 8 月 19 日，国务院又下发《关于近期支持东北振兴若干重大政策举措的意见》，强调要"加强粮食仓储和物流设施建设"，提出了"对吉林、黑龙江等仓容紧张地区，抓紧进行跨省移库腾仓""鼓励支持……新型经营主体储粮""畅通'北粮南运'"等意见。2015 年 10 月 8 日，《国家粮食局办公室关于切实做好 2015 年秋粮收购和秋季安全储粮工作并开展专项检查的通知》中，用两个"前所未有"来形容粮食储存的严峻形势，即"各类粮油仓储企业储存的粮食数量之大前所未有，储存在露天和简易存储设施中的国家政策性粮食数量之多也前所未有"。

再以农业用水为例，中原、华北等粮食主产区为了粮食增产，连年超采地下水，导致多地成为"漏斗上的粮仓"，地裂现象也不断出

现，粮食安全和水资源安全的矛盾日益加剧，实现水资源的优化配置成为当务之急。中国人民大学仇焕广教授与美国及日本学者2015年的合作研究成果表明[373]：如果将北京、天津、河北、内蒙古等四个水资源非常短缺的省（区、市）降低50%的农业用水，则我国粮食的总体自给率将下降约3个百分点，但却会节约农业用水148亿m³，相当于"南水北调"工程东中西线调水总量的30%，提出并论证了"通过适当降低农业用水和粮食自给率"，能够有效提高我国的水资源安全水平及促进环境的可持续发展。农业经济学家、发展中国家科学院院士黄季焜教授等也曾强调[374]：受到国内日益稀缺的水资源、耕地等因素的制约，继续实施原有的粮食自给率目标，"经济和环境成本将大幅度提高"。

事实上，即使是超级稻，一味强调超高产量也是不现实的。我国70%的中低产田在实际种植中，并不能种出超级稻"良田、良种、良态、良法"下的"实验产量"。中国作物学会水稻产业分会邓国富研究员指出，超级稻所使用的化肥的实际利用率也没有超过一半，更多的化肥进入土壤造成了土壤污染。2013年全国超级稻攻关会议上，农业部也强调"要把超级稻的小面积高产，转变成大面积的均衡增产"①。

（3）采取休耕"藏粮于田"，运用安全等级预警，可以提升战略认识

上述内容表明，粮食短缺存在粮食不安全或者粮食危机，粮食过剩也会出现粮食不安全或者粮食危机[375]，稳产才是期望的"满意解"与理想的"新常态"。事实上，针对现阶段国内外市场粮食供给相对宽裕的情形，可以对部分土地特别是资源趋紧田、环境恶化田和产能过剩田采取轮作休耕，进而改善和提高其地力，在以后粮食供给相对紧张之时，恢复粮食生产，确保粮食安全。

总之，对粮食安全问题虽然不能有任何怠慢，但是为了粮食增产就可以不计任何成本与代价的主张，注定会导致其不具有可持续性，也是不可取的。本书借鉴文献［375］对粮食安全的等级层次的划分，运用信号灯的预警警示，较为形象地描绘了粮食安全等级（如表7-4所示），可以提升并强化对"粮食安全战略"的认识。

---

① 详见陈露、杨思佳：《争议超级稻：安徽万亩"隆平稻种"减产绝收》，《南方周末》2015年4月9日第A4版。

表7-4　粮食安全等级预警表（粮食生产方面）

灯号	警度	安全等级	粮食生产波动指数 VI（%）
红灯	短缺巨警	粮食危机	$VI < -5$
橘灯	短缺重警	粮食不安全	$-5 \leqslant VI < -3$
黄灯	短缺中警	粮食欠安全	$-3 \leqslant VI < -1.5$
蓝灯	短缺轻警	粮食较安全	$-1.5 \leqslant VI < -0.5$
绿灯	无警	粮食安全	$-0.5 \leqslant VI < 1.5$
蓝灯	过剩轻警	粮食较安全	$1.5 \leqslant VI < 4$
黄灯	过剩中警	粮食欠安全	$4 \leqslant VI < 7$
橘灯	过剩重警	粮食不安全	$7 \leqslant VI < 10.5$
红灯	过剩巨警	粮食危机	$10.5 \leqslant VI$

注：无警、轻警、中警、重警的 VI 数值来源于文献［376］和文献［377］，巨警的 VI 数值本书根据其他警度的数值规律推算得出。

　　本书与文献［375］的区别在于：以粮食生产的主要警情指标"粮食生产波动指数"为例对粮食安全进行预警，并增添了灯号的设置，在安全等级方面则增加了"粮食欠安全"等级。

7.3.2　"农民增收"上升为国家战略的探索

　　在我国，"农民增收"是一个热词，党的十七大曾提出"解决好农业、农村、农民问题，……必须始终作为全党工作的重中之重。……以促进农民增收为核心，……"，实际上强调了"农民增收"是解决"三农"问题的核心。

　　然而在前文第3章中，本书在分析粮食大事记时虽然也辨识出"粮食财政直接补贴"的主要任务中包含有"农民增收"，但是与"农民增收"任务完全吻合的活动个数（5个）在总活动（35个）中的占比不到15%，即使加上"粮食增产与农民增收"任务（10个），与"农民增收"任务有关的活动个数（5个＋10个）在总活动（35个）中的比重也不足50%。本书认为，虽然以往有研究指出"农民增收"是"粮食财政直接补贴"的目标之一，但是从上述分析可知"农民增收"在"粮食财政直接补贴"中的战略地位还不突出，在"影响组织整体方向与生存能力"[368]等方面还很欠缺，"农民增收战略"或相似词汇的使用未成气候，因此从"战略目标"（而不是"目标"）方面来说，本书判定"农民增收"到目前为止并未成为"粮食财政直接补贴"的战略目标，"农民增收"更没有上升为国家战略。

7.3.2.1　学术界和决策层对"农民增收战略"的认识

从学术界来看，笔者登录中国知网的中国学术期刊网络出版总库（1979—2014 年），以"农民增收战略"为"关键词"和"篇名"分别进行检索，显示有 0 篇和 2 篇论文，上述 2 篇论文分别是 2005 年发表于《安徽农学通报》的《安庆市促进农民增收战略的实施探讨》和 2001 年发表在《福建茶叶》的《抓住机遇　迎接挑战　努力开创茶叶工作新局面——谈谈发展茶叶对我省农业增效农民增收战略的几点看法》，均是普通非核心期刊，且相关内容是省市而非国家层面的，可见学术界并没有认同"农民增收战略"。

从决策层来看，改革开放以来，中央曾在 1982—1986 年连续五年发布涉"农"的"一号文件"，时隔 18 年后的 2004 年，"一号文件"再次回归农业，第一个就是关于"农民增收"的，即《中共中央　国务院关于促进农民增加收入若干政策的意见》。此后，标题中涉及"增收"的"一号文件"还有 2008 年的《中共中央 国务院关于切实加强农业基础建设进一步促进农业发展农民增收的若干意见》和 2009 年《中共中央 国务院关于 2009 年促进农业稳定发展农民持续增收的若干意见》。

然而到目前为止，"农民增收"并未成为国家战略，成为各界呼吁的重点。2008 年，中共中央党校王东京教授在"中国经济观察双月论坛"上发表了题为《农民增收应成为国家战略》的总结发言；2012 年，在十一届全国人大五次会议期间，全国人大代表王越建议"'农民收入倍增计划'应上升为国家战略"，《农民日报》（2012 年 3 月 12 日头版）、《中国青年报》（2012 年 3 月 13 日第 T2 版）等诸多媒体进行了报道，引发关注。

7.3.2.2　"农民增收"尚未成为国家战略的原因探析

为什么"农民增收"没有同"粮食安全"一样上升为国家战略呢？从我国历史来看，自 1953 年起，为改变工业落后的面貌、缩小与西方现代化水平的差距、向社会主义工业化迈进，我国开始实施以 156 项工业建设项目为核心的"一五"计划，并选择了农业为工业提供积累（即"农业养育工业"）的政策，城乡二元体制下的农业剩余通过工农业产品价格上的"剪刀差"转向工业部门，"农民增收"等则处于较低层次的目标，牺牲了农民的利益。直到 2004 年前后，我国步入了工业化中期阶段，才将"以农养工"的政策转变为"以工哺农"的政策，并采取减免

"农业税"、实施"粮食财政直接补贴"等一系列支农惠农政策，还将"农民增收"列为"三农"政策的核心目标。然而，由于从"以农养工"到"以工哺农"的转变时间相对较长、农民基数过大、旧有观念的局限、二元体制的惯性及既得利益者的掣肘等诸多因素的影响，"农民增收"一直没有成为国家战略。

从以往研究看，有学者指出，"粮食安全"的主体是国家，而"农民增收"的主体却是农民个体，两者的利益诉求存在一定的差异。"粮食安全"是国家经济安全的基础与核心，它不仅是一个社会问题，更是一个重要的政治问题，粮食安全主体（国家）肩负着保障"粮食安全"的使命和职责，考虑全局利益和集体利益，这样可能导致难以照顾到所有个体的利益[378]。比如，在长期"追求"粮食（不是指口粮）100%及100%以上自给率的指挥棒下，由于种粮比较收益不高，且粮食生产成本越来越高，粮食种得多反而牺牲了种粮农民的部分利益。然而，增收主体（农民）作为理性的经济人，近年来追求的是自身的粮食安全和利润的最大化，一般不会考虑国家立场上的粮食安全，当自身的温饱问题解决后，不管国家粮食安全多么重要，其完全有可能放弃种粮转向投资回报率大的其他经济行为[379]。也就是说，如果种粮收益不高，农民就会选择抛荒、改种其他经济作物或出去打工等，现今的农民不会再像过去"在工业化和集体化的名义下"以种粮的微薄收入来"义务"承担国家的粮食安全战略了。因此，粮食安全主体（国家）和农民增收主体（农民）两者的矛盾就产生了。

7.3.2.3 将"农民增收"上升为国家战略的理性分析

事实上，现今将"农民增收"上升为国家战略，是必要的且具有可行性，主要理由如下：

（1）缩小城乡收入差距，倍增计划倾斜农民

党的十八大提出了"收入倍增计划"，即"2020年实现国内生产总值和城乡居民人均收入比2010年翻一番"。在当前我国的低收入群体中，农民仍占大多数，其收入倍增计划可能需要翻两番甚至翻四番，才有望与城乡中高收入群体逐渐缩小收入差距。没有农民的增收，全体人民"收入倍增计划"的目标就难以实现，会拖累基尼系数，也容易造成社会的不和谐、不稳定。如果说高收入群体已经具备了继续保持收入快速提升的基础与动力，那么打破低收入群体收入缓慢提高的"惯性"则更多地需要政府的扶持。因此，要适度加大"粮食财政直接补贴"的力

度，建立与完善 WTO 鼓励的与"增收"相关的以"绿箱"为主体的补贴体系，调整与改进会对生产和贸易产生扭曲作用的"黄箱"政策，并与其他与增收有关的政策措施一道将"农民增收"上升为国家战略。

（2）增收上升国家战略，丰富补贴战略目标

把"农民增收"也上升为国家战略，可以丰富"粮食财政直接补贴"的战略目标，且并不会影响到粮食安全战略，反而有利于粮食安全战略。因为农民种粮收入越高，种粮积极性就越高，就会扩大粮食生产规模，增加生产投入，在一定程度上国家粮食就越安全。学者曹芳和李岳云就曾强调"政府只有不断提高农民收入，才能获得最稳固、最可靠和最持久的粮食安全"[113]；反之，农民种粮收入低，会挫伤种粮积极性，就会缩小粮食生产规模，减少生产投入，在一定程度上就会导致国家粮食不安全。

（3）人均补贴规模偏小，补贴力度仍需加大

以"粮食财政直接补贴"为例，从前文第 3 章的表 3-10 和表 3-11 的描述性分析看，由于人均粮食财政直接补贴的总体规模偏小，其对农村居民人均纯收入的贡献度较弱，2008—2012 年徘徊在 7%~8%，增收作用不明显。2010—2012 年，人均粮食补贴与人均农业收入的合计占人均纯收入的比重也在下滑，2012 年仅相当于人均纯收入的约 1/3，可见"粮食财政直接补贴"对农民收入的贡献程度还很低。从第 3 章的表 3-12 至表 3-14 的回归分析看，以人均农业收入为研究对象，依据对"粮食财政直接补贴"的收入效应的关键影响因素辨识，选择 2004—2012 年的相关数据（人均农业收入 Y_2、粮食财政直接补贴 X_{21}、农业生产资料价格指数 X_{22}、农产品生产价格指数 X_{23}、粮食面积 X_{24}、受灾率 X_{25}）的回归结果表明，粮食财政直接补贴 X_{21} 对人均农业收入 Y_2 的影响不明显，"粮食财政直接补贴"的增收效应不显著，亟须增强。

（4）农民生存与其发展，责任主体均是国家

FAO 粮食安全的内涵[380]中曾强调"买得到""买得起"粮食是包括"所有的人"① 的，这就需要我们充分考虑到尚不能解决自身温饱问题的农村贫困人口（根据国家统计局《2014 年国民经济和社会发展统计公报》，"按照 2010 年不变价的年人均收入 2 300 元的农村扶贫标准计算，

---

① Ensuring that all people at all times have both physical and economic access to the basic food that they need（确保所有的人在任何时候既能买得到又能买得起他们所需要的基本食品）。

2014年我国农村贫困人口仍有7 017万人";如果按照世界银行人均1.25美元的贫困线标准,我国农村贫困人口远超1亿)。也就是说,并不是所有的农民都能靠种粮来解决自身的粮食安全,农村贫困人口的吃粮难等问题是现实存在的,只有把国家的扶持加上农村贫困人口自身的努力结合起来,促进农村贫困人口的增收以提高其购买能力等,才可能解决他们自身的粮食安全。正像战略管理大师亨利·明茨伯格(Henry Mintzberg)等所指出的那样,如果"以更广阔的视野和开放的观念"[368]来研究战略,我们可以把战略看作是一种责任,农民生存(粮食安全)的责任主体是国家,农民发展(农民增收)的责任主体也是国家,这样就可以从上文中提到的文献[378]和[379]认为粮食安全的主体不一致("粮食安全"的主体是国家,"农民增收"的主体是农民个体)所导致的矛盾中解脱出来。

(5)共同分享发展成果,推进城乡联动融合

根据《中国农村统计年鉴》(2014),我国乡村人口占总人口的比重从1978年的82.1%下降到2013年的46.3%,其中2011年是转折点(比重为48.7%),乡村人口首次低于城镇人口。随着我国城镇化进程的快速推进,农民还会越来越少,这客观上增加了农民的人均土地,有利于农民从传统的小农生产方式转变为集约化或者规模化的生产方式,便于构建专业大户、家庭农场、农民合作社等新型农业经营体系,进而促进"农民增收"。但是应该明确,减少农民不应该成为"农民增收"的唯一出路,只有把"农民增收"上升为国家战略,让农民共同分享现代化发展成果,并采取进一步加强农村基础设施建设、重塑土地情结、培育"新型职业农民"和"粮田CEO"等措施,才能促进城乡一体化建设和城乡联动、渗透与融合,才可能吸引高素质的青壮年重新回到或来到农村。

7.4   本章小结

本章深化了"和谐主题漂移"的内涵,分析了粮食财政直接补贴"和谐主题漂移"的主客观动因,指明粮食财政直接补贴"和谐主题"的漂移方向,应从上一阶段"促进粮食增产与农民增收,增产为首要,增收为主要"(实际实施的和谐主题),"漂移"至下一阶段的"促进农

民增收和粮食稳产，增收为首要，稳产为主要"；并从创新理念视角阐明了"漂移"的支撑条件：

一方面，虽然"粮食安全"作为"粮食财政直接补贴"的战略目标已成为国家战略，但存在"粮食增产"等同于"粮食安全"等思维误区；通过设置"粮食安全等级预警表"，可以提升并强化对"粮食安全战略"的认识，确立粮食短缺与过剩均可能引发粮食安全危机、稳产才是期望的"满意解"与理想的"新常态"等理念。

另一方面，"农民增收"尚未成为"粮食财政直接补贴"的战略目标，更没有上升为国家战略，损害了补贴的绩效；而将"农民增收"上升为国家战略，既能够丰富"粮食财政直接补贴"的战略目标的内容，又有利于收入分配倾斜农民，促进与"粮食安全战略"共赢，提高补贴的绩效，实现 WTO 的愿景。

8

本书基于和谐管理理论视角，运用内容分析、计量模型分析、演化博弈分析、非线性动力学分析等方法，对粮食财政直接补贴的"和谐主题""和则""谐则""和谐耦合""和谐主题漂移"展开了研究，现总结本书的主要结论、重要观点与相应的政策建议，并对后续研究工作进行展望。

8.1 主要结论、重要观点与政策建议

8.1.1 我国现行的粮食财政直接补贴"实际实施的和谐主题"存在缺陷，需尽快"漂移"

2004—2012 年我国粮食财政直接补贴"实际实施的和谐主题"为"增产为首要，增收为主要"，而该阶段"理应执行的和谐主题"是"增产与增收应并举"，显示两者有差别。从 2004—2012 年"粮食财政直接补贴"实施的效果看，增产绩效较好，增收绩效较差，这也说明粮食财政直接补贴"实际实施的和谐主题"没能解决好"增收"方面的问题，因而需加快"漂移"。

政策建议：建议政府在制定粮食财政直接补贴政策的目标、任务时，加强顶层设计和系统谋划，要考虑在保持粮食产量稳定的条件下，进一步提高农民的收入；妥善处理好粮食增产与农民增收、粮食稳产与农民增收之间的关系，解决好农民增收问题。要发挥好"增收"目标的"双向调节"作用：当粮食供不应求时，种粮"增收"可以通过收入激励，激活生产潜能，快速提高产量，填补供应短缺，平抑市场价格；当粮食供过于求时，政府通过与产量高低脱钩的"绿箱"补贴，能够避免因一味追求"增产"而导致的"增产不增收"现象，既利于保持市场供求均衡，维护农民利益，又可以保护生态环境，提升粮食品质，也能够保障

粮食生产潜力，实现"稳产"。

8.1.2 农民种粮积极性的发挥("和则")与补贴力度密切相关

在政府对粮食持续补贴的背景下应充分发挥种粮农民群体的主观能动性，农民广义的种粮时间投入需要保持一定的量，从而保障粮食安全。农民群体行为演化的结果和收敛的时间不仅受到农民群体中选择高时间投入策略的初始比例的影响，还受到政府群体中选择高补贴策略的初始比例的影响。然而，农民仅在粮食生产上多投入时间却不注重物质和技术投入的增加，并不会得到理想的收益；但是一味增加种粮的资金投入，如滥用农药、化肥等，也会加剧不良状态演化的速度。

政策建议：建议政府适度加大"粮食财政直接补贴"的力度，补贴的增幅应高于财政支出的增幅和粮食生产成本的增幅，将农民收入及其福利水平提升到甚至超过社会平均水平，以刺激农民的种粮积极性；并通过新型职业农民等的示范效应影响和带动整个种粮群体，增加农民广义的种粮时间投入。应进一步加强农业技术培训，提高农民的文化技术水平；防止农民不顾农业技术水平和资源环境条件的约束，过度进行种粮资金投入。粮食市场价格太低，对农民和政府均会产生不利影响；粮食市场价格适度升高，有利于农民与政府的交互行为趋向和谐状态，对农民增收作用很大。可重点引导有机粮食的种植，不仅让人们吃上绿色、生态的放心粮，也通过有机粮食的价格优势促进农民增收。

8.1.3 主要发达国家粮食补贴的和谐主题经历了从"增产"向"增收"的演变，其政策机理("谐则")对我国有重要启示

美国、欧盟和韩国由于粮食生产条件相对较好，易于实现粮食供给，其粮食补贴的和谐主题均经历了从"增产"向"增收"的演变；日本由于耕地资源非常贫瘠，一直强调"增产"，但也越来越注重"增收"及发挥粮食的多功能性，这是主要发达国家粮食补贴的政策机理("谐则")对我国最主要的镜鉴与启示。

政策建议：由于通过制度规则的重构提升公共政策质量是一项复杂、宏大和长期的工程，政府应立足当前、着眼长远、循序渐进，促进补贴政策的制度化、规范化和科学化。要推进农民及其利益集团参与相关政策制定的进程，从制度层面反思政策，建立制度化的政策启动与退出机制，推动"粮食财政直接补贴政策"向"粮食财政直接补贴制度"转

变。建议政府优化"粮食财政直接补贴"的结构,以促进农民增收、减轻财政负担;有选择地利用好价格支持方式,保障重点口粮品种;优化一般服务支持结构,尤其重视公共储备的管理效率;完善资源与环境友好型补贴,保障农民收益;加强农业保险在内的补贴政策法制化建设,发挥政策的协同效应。

8.1.4 "和谐耦合"非线性动态模拟显示,"粮食财政直接补贴"会先上升后平稳下降,"稳产"和"增收"也是趋势

从分析粮食财政直接补贴"和谐耦合"的非线性和复杂性现象出发,构建其非线性动态演化模型,实证分析粮食财政直接补贴、粮食产量和农民种粮收入之间的演化行为发现:随着时间的增加,一开始粮食财政直接补贴增加的速度最快,一段时间达到补贴最高点后则缓慢降低,这与主要发达国家粮食补贴的演化进程基本一致;粮食产量起初持续增加,后期基本趋于稳产状态;农民种粮收入则基本上以一定的增长率持续平稳的增长。

政策建议:建议政府在农民种粮积极性不高、种粮收入相对较低的条件下增加"粮食财政直接补贴"的金额,但补贴的力度不应太大、过猛,要防止粮食生产和粮食市场的扭曲;随着我国社会经济的发展变化,需适时调整补贴的力度,以契合我国经济进入"新常态"的背景;应不断优化粮食补贴结构,改规模扶持为结构扶持,提高补贴资金的使用效率,以相对减轻政府的财政压力;要引导和鼓励农民科学种粮,走现代化与规模化发展之路;粮食补贴要向适度规模经营倾斜,消除"撒胡椒面""空饷户"等现象;探索建立生产经营者信息数据库,为计发补贴提供信息技术支撑;鉴于我国"粮食财政直接补贴"中的"粮食直接补贴"在执行过程中已与实际播种面积或产量脱钩,因此应从政策上将其明确为脱钩补贴,纳入"绿箱",为"黄箱"节省为数不多的空间。

8.1.5 "增收为首要,稳产为主要"是下一阶段补贴"和谐主题"的漂移方向,需树立将"农民增收"上升为国家战略的创新理念

自 2013 年开始,粮食财政直接补贴"和谐主题漂移"的主客观动因表明,粮食财政直接补贴的"和谐主题"应从上一阶段(2004—2012年)的"增产为首要,增收为主要","漂移"至"增收为首要,稳产为主要"。创新理念是"漂移"的主要支撑条件。

政策建议：一方面，要继续实施好"粮食安全"国家战略，摒弃"耕子孙田，种当季粮"的旧有模式，让部分土地休养生息，藏粮于田，提升土地的可持续生产能力，使粮食生产从一味追求增产转向重视稳产，量质并重，不再企求我国粮食产量的"*N*连增"。针对现阶段国内外市场粮食供给相对宽裕的情形，可以对部分土地特别是资源趋紧田、环境恶化田和产能过剩田采取轮作休耕，进而改善和提高其地力，在以后粮食供给相对紧张之时，恢复粮食生产，确保粮食安全。另一方面，要以"粮食财政直接补贴"等为政策抓手，新增"农民增收"国家战略，将"农民增收"上升到更加重要的战略地位，使增收的长效机制更加夯实，藏富于民，也实现"农村，让生活更美好"，让昔日"农民真苦，农村真穷，农业真危险"[①]的感伤，完全蜕变为"农民真富，农村真美，农业真兴旺，中国真幸福"的赞叹。

8.2　后续研究工作展望

由于能力所限，本书尚存在一些问题，需要围绕以下方面，做好下一步的研究工作：

（1）和谐管理理论运用方面。本书在辨识粮食财政直接补贴"实际实施的和谐主题"的过程中，从众多的"大事记"等资料中辨识出 4 个主要任务与 35 个主要活动的质性描述较为简约，相关质性方法还需要进一步深入研究。在基于 EOL 模型判定粮食财政直接补贴"理应执行的和谐主题"时，对于环境（E）、组织（O）、领导（L）三要素各自应该扫描哪些内容还需要进一步探索，因为与已经较为成熟的企业等一般组织的 EOL 分析相比，社会管理领域的上述扫描内容需要创新。在分析环境（E）要素时，虽然阐述了工农关系中的"以工哺农"的相关内容，但对于工农关系调整与改善的大背景、补贴政策的社会意义等尚需深入思考。在考察领导（L）在任时观点和理念的变化时，受条件所限，仅分析了"粮食财政直接补贴"政策的智囊团主席/队长（先后两位国务院总理）

---

① 2000 年 3 月，朱镕基总理收到一封基层来信，反映湖北省农村存在的诸多问题。写信人是时任湖北省监利县棋盘乡党委书记李昌平，他在信中感伤"农民真苦，农村真穷，农业真危险"。这封信引起中央对"三农"问题的高度关注。

的报告性资料或新闻的相关内容，包括智囊团所有成员在内的类似系统性资料和其他相关资料仍需扩展，并且还应努力创造条件对智囊团成员进行若干访谈。

（2）研究视角方面。本书虽然强调了"粮食财政直接补贴"应"适度加大"并适时调整补贴的力度，但是，对于补贴绝对量和相对量的调控，以及中国能否长期持续运用"粮食财政直接补贴"，或者对中国长期持续运用"粮食财政直接补贴"是否会引起的一些负面影响（比如：引起其他国家对中国市场经济地位的质疑，招致他国利用《补贴与反补贴措施协议》和其国内的反补贴法采取反补贴措施，导致别国对中国农产品出口设置相应的贸易壁垒，进而使得我国"粮食财政直接补贴"促进社会和谐发展的效应受到冲击等）考虑不周，需要进一步深入思索与分析。在后期的研究中，需在宏观层面进一步推进"粮食财政直接补贴"的形成、发展、现状、效应等方面的实证研究，并加强新时代粮食补贴政策绿色高质量发展方面的系统研究。

（3）相关模型使用方面。在对"粮食财政直接补贴"的效应进行回归分析时，产量效应和收入效应影响因素的选择范围仍需扩展，并需进一步研究影响因素之间的交互影响。在分析粮食财政直接补贴"和则"相关问题时，本书假定中央政府和地方政府存在着一致的目标（如粮食安全、农民增收等），但事实上，两者也存在着一定的博弈关系（如发放成本、指导思想等）；并且，未考虑家庭特征变量对农民务农时间的影响。在"谐则"和"和谐主题漂移"方面，还需探索与挖掘更多的定量研究内容。在"和谐耦合"方面，应将更多的变量/参数纳入非线性动态演化系统中，如粮食作物品种、土地类型、机械化程度、家庭成员情况、农民的家庭支出等，这些都是后续的重要研究方向。

参 考 文 献

［1］ 国家统计局农村社会经济调查司：《中国农村统计年鉴—2014》，
中国统计出版社，2014 年。

［2］ 王为农，方松海：《成本快速上升背景下的农业补贴政策研
究》，中国计划出版社，2011 年。

［3］ 方松海，王为农：《成本快速上升背景下的农业补贴政策研
究》，《管理世界》，2009 年第 9 期。

［4］ 席酉民，韩巍，葛京，等：《和谐管理理论研究》，西安交通大
学出版社，2006 年。

［5］ 席酉民，葛京，等：《和谐管理理论：案例及应用》，西安交通
大学出版社，2006 年。

［6］ 张立文：《和合学概论（上下卷）：21 世纪文化战略的构想》，
首都师范大学出版社，1996 年。

［7］ 黎红雷：《人类管理之道》，商务印书馆，2000 年。

［8］ 苏东水：《东方管理学》，复旦大学出版社，2005 年。

［9］ 鞠强：《和谐管理：本质、原理、方法》，复旦大学出版社，
2006 年。

［10］ 黄如金：《和合管理》，经济管理出版社，2006 年。

［11］ 李桂华：《企业和谐管理：基于全面价值理论的研究》，经济
管理出版社，2007 年。

［12］ 石建勋：《多元化与和谐管理》，机械工业出版社，2008 年。

［13］ 黄丹，席酉民：《和谐管理理论基础：和谐的诠释》，《管理工
程学报》，2001 年第 3 期。

［14］ 王琦，席酉民，尚玉钒：《和谐管理理论核心：和谐主题的诠
释》，《管理评论》，2003 年第 9 期。

［15］ 王亚刚，席酉民：《和谐管理理论视角下的战略形成过程：和

谐主题的核心作用》，《管理科学学报》，2008 年第 3 期。

[16] 席酉民，井辉，肖宏文，等：《和谐主题与和谐机制一致性关系的实证研究》，《管理科学学报》，2008 年第 5 期。

[17] 尚玉钒，张晓军，席酉民：《领导对不确定情境的意义给赋：谈和谐主题及其框架效应》，《管理学家（学术版）》，2009 年第 5 期。

[18] 尚玉钒，席酉民，赵童：《愿景、战略与和谐主题的关系研究》，《管理科学学报》，2010 年第 11 期。

[19] 王亚刚，席酉民，尚玉钒，等：《复杂快变环境下的整体性应变工具：和谐主题》，《管理学报》，2011 年第 1 期。

[20] 席酉民，井辉，曾宪聚，等：《和谐管理双规则机制的探索性分析与验证》，《管理学报》，2006 年第 5 期。

[21] 唐方成，马骏，席酉民：《和谐管理的耦合机制及其复杂性的涌现》，《系统工程理论与实践》，2004 年第 11 期。

[22] 席酉民，曾宪聚，唐方成：《复杂问题求解：和谐管理的大脑耦合模式》，《管理科学学报》，2006 年第 3 期。

[23] 王琦，席酉民，汪莹：《和谐主题漂移的涵义及其过程描述》，《管理科学》，2004 年第 6 期。

[24] 王大刚，席酉民：《和谐一致性与组织绩效》，《管理科学学报》，2008 年第 4 期。

[25] 席酉民，姚小涛：《复杂多变环境下和谐管理理论与企业战略分析框架》，《管理科学》，2003 年第 4 期。

[26] 席酉民，唐方成：《不确定性环境下无形资产的和谐管理模式》，《西安交通大学学报（社会科学版）》，2004 年第 2 期。

[27] 韩巍，席酉民：《不确定性——支配权——本土化领导理论：和谐管理理论的视角》，《西安交通大学学报（社会科学版）》，2009 年第 5 期。

[28] 刘鹏，席酉民：《基于和谐管理理论的多变环境下可持续竞争优势构建机理研究》，《管理学报》，2010 年第 12 期。

[29] 席酉民，张晓军：《从不确定性看管理研究逻辑及和谐管理理论的启示》，《管理学报》，2010 年第 1 期。

[30] 尚玉钒，席酉民，宋合义：《基于和谐管理理论的领导行为有效性研究》，《管理学家（学术版）》，2008 年第 2 期。

[31] 郭士伊，席酉民：《和谐管理的智能体行为模型》，《预测》，2004 年第 2 期。

[32] 席酉民，张华，马骏：《成员间互动对团队绩效影响研究：基于和谐管理理论的视角》，《运筹与管理》，2008 年第 6 期。

[33] 席酉民，肖宏文，王洪涛：《和谐管理理论的提出及其原理的新发展》，《管理学报》，2005 年第 1 期。

[34] 席酉民，刘鹏，孔芳，等：《和谐管理理论：起源、启示与前景》，《管理工程学报》，2013 年第 2 期。

[35] 席酉民，韩巍，尚玉钒：《面向复杂性：和谐管理理论的概念、原则及框架》，《管理科学学报》，2003 年第 4 期。

[36] 席酉民，葛京，韩巍，等：《和谐管理理论的意义与价值》，《管理学报》，2005 年第 4 期。

[37] 席酉民，肖宏文，郎淳刚：《管理学术与实践隔阂：和谐管理的桥梁作用》，《管理科学学报》，2008 年第 2 期。

[38] 席酉民，唐方成：《和谐管理理论的数理表述及主要科学问题》，《管理学报》，2005 年第 3 期。

[39] 席酉民：《"和谐管理理论"决胜未来》，《人民论坛》，2011 年第 17 期。

[40] 王亚刚，席酉民：《海尔国际化：战略与和谐主题》，《科技进步与对策》，2006 年第 11 期。

[41] 李子叶，席酉民，尚玉钒，等：《提高员工工作满意度机制的系统分析：和谐管理理论的启示与价值》，《南开管理评论》，2008 年第 4 期。

[42] 李子叶，席酉民，尚玉钒，等：《和谐管理理论与员工满意度》，《中国电力企业管理》，2009 年第 7 期。

[43] 王大刚，席酉民，何方：《基于中国公司情境的和谐管理领导力研究》，《管理学报》，2009 年第 4 期。

[44] 李鹏飞，席酉民，韩巍：《和谐管理理论视角下战略领导力分析》，《管理学报》，2013 年第 1 期。

[45] 李鹏飞，葛京，席酉民：《和谐管理视角下的领导研究发展初探》，《管理学报》，2014 年第 11 期。

[46] 张晓军，席酉民，谢言，等：《基于和谐管理理论的企业动态能力研究》，《管理科学学报》，2010 年第 4 期。

［47］刘静静，席酉民，王亚刚：《基于和谐管理理论的企业危机管理研究》，《科学学与科学技术管理》，2009 年第 1 期。

［48］张晓军，席酉民：《组织内部危机源：基于和谐管理理论的分析》，《西安交通大学学报（社会科学版）》，2011 年第 5 期。

［49］张晓军，席酉民：《基于和谐管理理论的组织演化研究》，《科学学与科学技术管理》，2009 年第 2 期。

［50］尚玉钒，席酉民，马娇，等：《基于和谐意义给赋系统的领导对下属的激励研究——以优博导师指导研究生为例》，《管理学家（学术版）》，2013 年第 4 期。

［51］张晓军，席酉民，毛景立：《基于和谐管理理论的武器装备采购质量管理研究》，《管理工程学报》，2012 年第 2 期。

［52］王亚刚，席酉民：《国家创新体系的构建与评估：基于和谐管理理论的系统探讨》，《中国软科学》，2007 年第 3 期。

［53］淮建军，席酉民：《从和谐管理理论到和谐社会的机制分析》，《西安交通大学学报（社会科学版）》，2006 年第 6 期。

［54］淮建军，席酉民：《构建社会主义和谐社会的机理研究——和谐机制：一个模型及应用》，《经济与管理研究》，2006 年第 8 期。

［55］席酉民，王亚刚：《和谐社会秩序形成机制的系统分析：和谐管理理论的启示和价值》，《系统工程理论与实践》，2007 年第 3 期。

［56］席酉民，张晓军：《社会治理视角下的和谐社会形成机制及策略》，《系统工程理论与实践》，2013 年第 12 期。

［57］席酉民：《和谐理论与战略》，贵州人民出版社，1989 年。

［58］席酉民，唐方成，郭士伊：《和谐理论》，西安交通大学出版社，2004 年。

［59］席酉民，尚玉钒：《和谐管理理论》，中国人民大学出版社，2002 年。

［60］张向前：《基于和谐管理理论的知识型人才管理研究》，线装书局，2011 年。

［61］夏宁：《基于和谐管理理论的企业内部控制框架研究》，《理论学刊》，2013 年第 7 期。

［62］戚桂杰，顾飞：《基于和谐管理理论的提升业务与 IT 融合研

究》，《山东大学学报（哲学社会科学版)》，2012 年第 2 期。

[63] 刘兵，焦双喜，杨振辉：《基于和谐管理理论的企业 TMT 战略执行过程研究》，《华东经济管理》，2009 年第 4 期。

[64] 李焕荣，刘得格：《现代企业人力资源和谐管理绩效评价研究》，《中国人力资源开发》，2007 年第 1 期。

[65] 杨栩，周瑜：《基于和谐管理的企业持续创新实现模式研究》，《中国科技论坛》，2011 年第 7 期。

[66] 肖蘅，高庆昆：《基于和谐管理的企业创新主题辨识研究》，《求是学刊》，2013 年第 2 期。

[67] 欧绍华，刘志刚：《企业文化管理与制度管理的互动耦合关系——基于和谐管理理论》，《中国流通经济》，2012 年第 10 期。

[68] 杨成名：《基于和谐管理视角的企业社会责任研究》，《现代管理科学》，2010 年第 2 期。

[69] 杨经录，崔杰：《和谐管理——当代大学生管理的必然选择》，《思想教育研究》，2009 年第 7 期。

[70] 李克勤：《大学生"和谐管理"简论》，《大学教育科学》，2011 年第 5 期。

[71] 刘丹平：《基于和谐管理理论的高校质量管理模型》，《江苏高教》，2008 年第 4 期。

[72] 田野，彭金冶：《关于新建本科院校实施"和谐管理"的思考》，《中国大学教学》，2007 年第 6 期。

[73] 朱浩：《非线性视野中我国大学和谐管理机制研究》，华东师范大学博士学位论文，2007 年。

[74] 陈玉祥：《和谐管理视野中的高校管理创新》，《科技管理研究》，2008 年第 5 期。

[75] 李名梁：《大学办学特色形成机制研究：一个和谐管理模型》，《江淮论坛》，2011 年第 1 期。

[76] 白晓明，丛林，黄敬前：《和谐管理下我国农业科研人力资源宏观配置研究》，《科技进步与对策》，2013 年第 6 期。

[77] 陈辉华，丰静，王孟钧，等：《政府投资项目和谐管理的探索与实践》，《标准科学》，2009 年第 6 期。

[78] 孙婵：《产学研合作项目和谐管理的机理研究》，《科技进步与

对策》，2010 年第 5 期。

[79] 韩青：《公共部门人力资源和谐管理研究》，江苏大学博士学位论文，2009 年。

[80] 王炜，李东：《和谐管理：解决公共部门冲突的有效途径》，《黑龙江社会科学》，2008 年第 6 期。

[81] 林茂光：《基于军事工程实践的工程和谐管理探索性案例研究》，《科技进步与对策》，2014 年第 11 期。

[82] 许成磊，段万春，谢晖，等：《基于界面管理的创新团队和谐管理实现机制研究》，《科技进步与对策》，2013 年第 17 期。

[83] 谢晖，段万春，孙永河：《基于和谐管理理论的创新团队管理——界面系统关键要素辨识》，《华东经济管理》，2014 年第 7 期。

[84] 许成磊，段万春，孙永河，等：《创新团队和谐管理机制的主题辨析优化》，《管理学报》，2014 年第 3 期。

[85] 许成磊：《基于界面管理的创新团队和谐管理机制评价及应用研究》，昆明理工大学博士学位论文，2014 年。

[86] 曾国平，付强：《特大型工程项目多任务多代理人和谐管理》，《科技管理研究》，2008 年第 6 期。

[87] 岳鹏威：《建筑企业对项目部的和谐管理模式研究》，中南大学博士学位论文，2010 年。

[88] 杨晨：《水利技术创新与专利制度和谐管理的机制研究》，河海大学博士学位论文，2002 年。

[89] 国凤兰，刘庆志：《山东半岛蓝色经济区环境成本和谐管理研究》，《生态经济》，2014 年第 2 期。

[90] 王春荣，杨艺：《农村环境的"和谐管理"与"社会资本"研究范式》，《中国人口·资源与环境》，2010 年第 S2 期。

[91] 欧阳越秀：《论中国养老保险体系的改革——基于和谐管理理论的思考》，《河北学刊》，2010 年第 3 期。

[92] 朱宝树：《"和谐计生"呼唤"人口计生和谐管理"——"论'和谐计生'：理论与实践的对话"读后感》，《人口与发展》，2008 年第 2 期。

[93] 叶尔江，刘怀兴，张刚，等：《基于和谐管理的信息安全风险管理研究》，《情报杂志》，2006 年第 1 期。

［94］孙奕菲，焦李成，公茂果，等：《基于和谐管理理论的免疫信息网络优化算法》，《控制与决策》，2013 年第 3 期。

［95］刘树信，罗自刚：《和谐管理：社会主义和谐社会的领导诉求》，《理论探讨》，2006 年第 1 期。

［96］Clements B J，Hugounenq R，Schwartz G. Government subsidies：Concepts，international trends，and reform options. IMF working paper（No. WP/95/91），1995.

［97］Bruno F M R，Azevedo A F Z de，Massuquetti A. Os subsídios à agricultura no comércio internacional：As políticas da União Europeia e dos Estados Unidos da América. Ciência Rural，2012（4）：757 － 764.

［98］Jensen N M，Shin M J. Globalization and domestic trade policy preferences：Foreign frames and mass support for agriculture subsidies. International Interactions，2014（3）：305 － 324.

［99］Gale H F，Lohmar B，Tuan F C. China's new farm subsidies. http：//papers. ssrn. com/sol3/papers. cfm？ abstract_id ＝ 759444，2005 － 2 － 20.

［100］Zhao Hui，Zhang Hong，Cao Shixiong. Unexpected results from China's agricultural subsidies policy. Society & Natural Resources，2014（4）：451 － 457.

［101］Chibwana C，Fisher M，Shively G. Cropland allocation effects of agricultural input subsidies in Malawi. World Development，2012（1）：124 － 133.

［102］王姣：《农民直接补贴政策的国际比较及我国的完善对策》，《农业现代化研究》，2005 年第 4 期。

［103］梁世夫：《粮食安全背景下直接补贴政策的改进问题》，《农业经济问题》，2005 年第 4 期。

［104］何忠伟，蒋和平，侯胜鹏，等：《中国粮食直接补贴的理论思考与模式分析》，《开发研究》，2005 年第 1 期。

［105］李伟毅：《对种粮农民直接补贴的政策效应与完善思路》，《农村经营管理》，2006 年第 3 期。

［106］孙开，高玉强：《粮食直接补贴：问题考察与政策优化》，《财经问题研究》，2010 年第 8 期。

[107] 李利英，肖开红：《我国粮食补贴政策的目标取向及改革思路》，《中州学刊》，2015 年第 8 期。

[108] 赵德余，顾海英：《我国粮食直接补贴的地区差异及其存在的合理性》，《中国农村经济》，2004 年第 8 期。

[109] 王玉斌，陈慧萍，谭向勇：《中美粮食补贴政策比较》，《农业经济问题》，2006 年第 12 期。

[110] 江喜林：《基于农户模型的粮食补贴作用机理及效应分析——兼论"直补"模式的弊端》，《西北农林科技大学学报（社会科学版）》，2013 年第 1 期。

[111] 王锋，梁琦：《我国粮价补贴政策效率评价及改进研究——基于对苏北粮食主产区数据的分析》，《价格理论与实践》，2015 年第 10 期。

[112] 柯炳生：《脱钩支付是农业直接补贴的发展方向》，《红旗文稿》，2004 年第 23 期。

[113] 曹芳，李岳云：《粮食补贴改革研究——以江苏省的调查为例》，《当代财经》，2005 年第 4 期。

[114] 王姣，肖海峰：《中国粮食直接补贴政策效果评价》，《中国农村经济》，2006 年第 12 期。

[115] 占金刚：《我国粮食补贴政策绩效评价及体系构建》，湖南农业大学博士学位论文，2012 年。

[116] 袁宁：《农户对粮食直接补贴政策的评价研究——基于豫东平原地区的农户调查资料》，《经济问题》，2013 年第 4 期。

[117] 张照新，陈金强：《我国粮食补贴政策的框架、问题及政策建议》，《农业经济问题》，2007 年第 7 期。

[118] 杨秀琴：《粮食直补政策缺陷与改革思路》，《农村经济》，2007 年第 1 期。

[119] 沈淑霞，佟大新：《吉林省粮食直接补贴政策的效应分析》，《农业经济问题》，2008 年第 8 期。

[120] 王玉霞，葛继红：《我国粮食补贴政策低效率的经济学分析》，《贵州社会科学》，2009 年第 3 期。

[121] 程国强：《发达国家农业补贴政策的启示与借鉴》，《红旗文稿》，2009 年第 15 期。

[122] 臧文如，傅新红，熊德平：《财政直接补贴政策对粮食数量

安全的效果评价》,《农业技术经济》,2010 年第 12 期。

[123] 张继承:《粮食补贴效应与粮农生产行为选择研究——基于河南省 747 个定点农户的调查》,《价格理论与实践》,2011 年第 6 期。

[124] 韩红梅:《河南省粮食补贴政策效应研究》,西北农林科技大学博士学位论文,2013 年。

[125] 许晖:《粮食政策目标与补贴政策设计——兼论"二元互补"的直接补贴体系》,《财政研究》,2004 年第 12 期。

[126] 陈薇:《粮食直接补贴政策的效果评价与改革探讨——对河北省粮食直补试点县的个案分析》,《农业经济》,2006 年第 8 期。

[127] 侯石安:《粮食安全与财政补贴政策的优化》,《管理世界》,2008 年第 11 期。

[128] 陈国强:《中国农业补贴:制度设计与政策选择》,中国发展出版社,2011 年。

[129] 侯明利:《基于受益主体视角的粮食补贴政策演进》,《河南师范大学学报(哲学社会科学版)》,2012 年第 3 期。

[130] 李韬:《粮食补贴政策增强了农户种粮意愿吗?——基于农户的视角》,《中央财经大学学报》,2014 年第 5 期。

[131] 李立清,江维国:《我国粮食补贴政策体系优化研究——基于新型种粮主体培育视角》,《现代经济探讨》,2015 年第 1 期。

[132] Barker R, Hayami Y. Price support versus input subsidy for food self-sufficiency in developing countries. American Journal of Agricultural Economics, 1976(4):617 – 628.

[133] Bojnec Š, Latruffe L. Farm size, agricultural subsidies and farm performance in Slovenia. Land Use Policy, 2013(3):207 – 217.

[134] Huang Jikun, Wang Xiaobing, Rozelle S. The subsidization of farming households in China's agriculture. Food Policy, 2013, 41:124 – 132.

[135] Gorter H D, Fisher E O. The dynamic effects of agricultural subsidies in the United States. Journal of Agricultural and Resource Economies, 1993(2):147 – 159.

[136] Schmitz A, Schmitz T G, Rossi F. Agricultural subsidies in de-

veloped countries: Impact on global welfare. Review of Agricultural Economics, 2006(3):416 – 425.

[137] Zheng Shi, Lambert D, Wang Sishu, et al. Effects of agricultural subsidy policies on comparative advantage and production protection in China. Chinese Economy, 2013(1):20 – 37.

[138] Koo W W, Kennedy P L. The impact of agricultural subsidies on global welfare. American Journal of Agricultural Economics, 2006 (5):1219 – 1226.

[139] Paiva C. Assessing protectionism and subsidies in agriculture – A gravity approach. Journal of International Development, 2008(5): 628 – 640.

[140] Alexander Nuetah J, Zuo Ting, Xian Xin. Agricultural export subsidies and domestic support reform under the WTO system: What does it mean for welfare in West Africa? World Economy, 2011 (12):2044 – 2062.

[141] Morten J. The political economy of agricultural statistics and input subsidies: Evidence from India, Nigeria and Malawi. Journal of Agrarian Change, 2014(1):129 – 145.

[142] 刘鹏凌, 栾敬东:《安徽省粮食补贴方式改革效果的调查与分析》,《农业经济问题》, 2004 年第 9 期。

[143] 肖国安:《粮食直接补贴政策的经济学解析》,《中国农村经济》, 2005 年第 3 期。

[144] 陈波, 王雅鹏:《湖北省粮食补贴方式改革的调查分析》,《经济问题》, 2006 年第 3 期。

[145] 杨红旗:《我国粮食补贴政策的实践与思考》,《贵州农业科学》, 2011 年第 2 期。

[146] 陈渭明, 蒋书美:《对完善粮食价格补贴机制的几点建议——基于江苏省丹阳市粮食补贴政策调研》,《价格理论与实践》, 2014 年第 4 期。

[147] 李鹏, 谭向勇:《粮食直接补贴政策对农民种粮净收益的影响分析——以安徽省为例》,《农业技术经济》, 2006 年第 1 期。

[148] 黄季焜, 王晓兵, 智华勇, 等:《粮食直补和农资综合补贴

对农业生产的影响》，《农业技术经济》，2011 年第 1 期。

[149] 刘小春，翁贞林，朱红根：《江西种粮农户的粮食补贴政策认知特征与生产经营行为的调研分析》，《商业研究》，2008年第 11 期。

[150] 蒋和平，吴桢培：《湖南省汨罗市实施粮食补贴政策的效果评价——基于农户调查资料分析》，《农业经济问题》，2009年第 11 期。

[151] 陈慧萍，武拉平，王玉斌：《补贴政策对我国粮食生产的影响——基于 2004—2007 年分省数据的实证分析》，《农业技术经济》，2010 年第 4 期。

[152] 赵瑞芹，孟全省：《直接补贴政策对粮食产量的影响效果分析——以山东省为例》，《农业经济》，2012 年第 5 期。

[153] 吕晨钟，许路遥：《我国粮食安全与补贴政策研究》，《经济与管理》，2012 年第 10 期。

[154] 龙方，卜蓓：《粮食补贴政策对粮食增产的效应分析》，《求索》，2013 年第 2 期。

[155] 王欧，杨进：《农业补贴对中国农户粮食生产的影响》，《中国农村经济》，2014 年第 5 期。

[156] 邓小华：《粮食流通体制改革的经济效应分析——以安徽省来安县、天长市粮食补贴改革试点为例》，《农业经济问题》，2004 年第 5 期。

[157] 钟甫宁，顾和军，纪月清：《农民角色分化与农业补贴政策的收入分配效应——江苏省农业税减免、粮食直补收入分配效应的实证研究》，《管理世界》，2008 年第 5 期。

[158] 刘京焕，黄川：《粮食直接补贴政策的绩效评价——基于粮食安全的视角》，《财政监督》，2010 年第 9 期。

[159] 马文杰，冯中朝：《国外粮食直接补贴政策及启示》，《经济纵横》，2007 年第 11 期。

[160] 杨茂：《中国农业粮食直接补贴政策效应的实证分析研究》，《中国农机化》，2007 年第 2 期。

[161] 温桂荣：《完善粮食直补政策　努力增加农民收入》，《财会研究》，2006 年第 7 期。

[162] 张冬平，赵翠萍：《我国粮食直接补贴政策：效应、问题及

建议》,《河南农业》, 2005 年第 1 期。

[163] 王彩明:《粮食直补:政策落实及完善建议》,《农村经营管理》, 2005 年第 5 期。

[164] 段云飞:《应对粮食直接补贴绩效问题 建立制度创新机制研究——来自河北粮食直补工作的实地调研》,《财政研究》, 2009 年第 2 期。

[165] Mishra A K, Goodwin B K. Farm income variability and the supply of off-farm labor. American Journal of Agricultural Economics, 1997(3):880 - 887.

[166] Antóna J, Mouëlb C L. Do counter-cyclical payments in the 2002 US Farm Act create incentives to produce? Agricultural Economics, 2004(2 - 3):277 - 284.

[167] Hennessy D A. The production effects of agricultural income support policies under uncertainty. American Journal of Agricultural Economics, 1998(1):46 - 57.

[168] Sckokai P, Moro D. Modeling the reforms of the common agricultural policy for arable crops under uncertainty. American Journal of Agricultural Economics, 2006(1):43 - 56.

[169] Vercammen J. Farm bankruptcy risk as a link between direct payments and agricultural investment. European Review of Agricultural Economics, 2007(4):479 - 500.

[170] McIntosh C R, Shogren J F, Dohlman E. Supply response to countercyclical payments and base acre updating under uncertainty: An experimental study. American Journal of Agricultural Economics, 2007(4):1046 - 1057.

[171] Huang Jikun, Wang Xiaobing, Zhi Huayong, et al. Subsidies and distortions in China's agriculture: Evidence from producer-level data. Australian Journal of Agricultural & Resource Economics, 2011 (1):53 - 71.

[172] Meng Lei. Can grain subsidies impede rural-urban migration in hinterland China? Evidence from field surveys. China Economic Review, 2012(3):729 - 741.

[173] 吴连翠:《基于农户生产行为视角的粮食补贴政策绩效研

究——以安徽省为例》，浙江大学博士学位论文，2011 年。

[174] 逯志刚：《粮食补贴对农民种粮意愿的影响研究》，西北农林科技大学硕士学位论文，2012 年。

[175] 杨万江，孙奕航：《粮食补贴政策对稻农种植积极性影响的实证分析——基于浙江、安徽、江西稻农调查数据分析》，《中国农学通报》，2013 年第 20 期。

[176] 马彦丽，杨云：《粮食直补政策对农户种粮意愿、农民收入和生产投入的影响——一个基于河北案例的实证研究》，《农业技术经济》，2005 年第 2 期。

[177] 卢成，牟治阳：《脱钩的粮食直接补贴政策有效性研究——基于安徽省水稻产区的数据》，《华东经济管理》，2006 年第 8 期。

[178] 张建杰：《惠农政策背景下粮食主产区农户粮作经营行为研究——基于河南省调查数据的分析》，《农业经济问题》，2007 年第 10 期。

[179] Goodwin B K. Agricultural subsidies in the WTO green box（The article reviews the book "Agricultural subsidies in the WTO green box", edited by Ricardo Melendez-Ortiz, Christophe Bellmann and Jonathan Hepburn）. World Trade Review, 2011（2）: 293 – 295.

[180] Cong R G, Brady M. How to design a targeted agricultural subsidy system: Efficiency or equity? PLoS One, 2012（8）: 1 – 12.

[181] Adger W N, Huq S, Brown K, et al. Adaptation to climate change in the developing world. Progress in Development Studies, 2003（3）: 179 – 195.

[182] 王来保：《我国粮食生产直接补贴目标模式探讨》，《宏观经济研究》，2004 年第 3 期。

[183] 韩俊：《中国农村改革的基本经验、问题剖解与下一步》，《改革》，2008 年第 8 期。

[184] 苗虎伟：《粮食补贴政策下财政政策与货币政策协调配合研究》，《中国粮食经济》，2010 年第 4 期。

[185] 杨建利，岳振华：《美、欧、加粮食补贴标准、确定机理对我国粮食直补的启示》，《经济体制改革》，2011 年第 2 期。

[186] 臧文如：《中国粮食财政直接补贴政策对粮食数量安全的影

響评价研究》，四川农业大学博士学位论文，2012 年。

[187] 财政部：《财政部关于印发〈实行对种粮农民直接补贴，调整粮食风险基金使用范围的实施意见〉的通知》，http://jjs.mof.gov.cn/zhuantilanmu/czzxzyzf/201110/t20111028_603105.html，2004-3-24.

[188] 何忠伟，曹暕，罗永华：《我国农业补贴政策速查手册》，金盾出版社，2012 年。

[189] 白芯：《怎样领取国家财政给农民的各种补贴》，中国财政经济出版社，2009 年。

[190] 顾和军：《农民角色分化与农业补贴政策的收入分配效应——江苏省农业税减免、粮食直补收入分配效应的实证研究》，南京农业大学博士学位论文，2008 年。

[191] 辛岭，蒋和平：《粮食主产区支持政策的现状与对策》，《宏观经济管理》，2014 年第 1 期。

[192] 曹光乔：《农机补贴对农户购机行为及作业服务需求的影响——基于江苏省水稻种植业的实证研究》，中国农业科学技术出版社，2011 年。

[193]《中华合作时报》编辑部：《"惠农政策"该从何处发力？——"两会"代表委员建言献策，支招"惠农政策"》，《中华合作时报》，2009 年 3 月 13 日。

[194] 马述忠，冯冠胜：《健全农业补贴制度——规则、模式与方案》，人民出版社，2010 年。

[195] 王东辉：《多哈农业协议及其对我国农业的影响研究》，中国农业科学院博士学位论文，2010 年。

[196] 袁毅：《WTO 对我国农业管理体制的影响与改革模式研究》，甘肃农业大学博士学位论文，2004 年。

[197] 李先德，宗义湘：《农业补贴政策的国际比较》，中国农业科学技术出版社，2012 年。

[198] 穆月英：《中国农业补贴政策的理论及实证分析》，中国农业出版社，2008 年。

[199] 财政部关税司：《贸易救济措施及相关政策法规讲座 第二讲：世界贸易组织补贴与反补贴制度简介》，《预算管理与会计》，2013 年第 5 期。

[200] 席酉民，尚玉钒：《和谐管理思想与当代和谐管理理论》，《西安交通大学学报（社会科学版）》，2001 年第 3 期。

[201] 王国敏：《加强农业基础地位和确保国家粮食安全战略研究》，四川大学出版社，2014 年。

[202] 胡元聪：《国外农业基础地位立法的特点及对我国的启示》，《现代经济探讨》，2010 年第 5 期。

[203] 曾令秋：《农业基础地位唯一论》，《西南民族大学学报（人文社科版）》，2008 年第 3 期。

[204] 曾庆芬：《农业的弱质性与弱势性辨析》，《云南社会科学》，2007 年第 6 期。

[205] 范跃进：《农业的弱质特性与农业保护》，《东岳论丛》，1998 年第 6 期。

[206] 高帆：《中国农业弱质性的依据、内涵和改变途径》，《云南社会科学》，2006 年第 3 期。

[207] 杨丹芳：《农业综合开发的财政思考》，《中央财经大学学报》，2000 年第 10 期。

[208] 曹明宏：《可持续发展背景下的农业补贴问题研究》，华中农业大学博士学位论文，2001 年。

[209] 陈承红：《构建和谐社会与城乡协调发展》，《社会科学家》，2006 年第 3 期。

[210] 张华，王艳：《转型期我国城乡统筹发展战略研究》，《北方论丛》，2006 年第 5 期。

[211] 秦华：《统筹城乡协调发展是落实科学发展观的重大历史任务》，《经济理论与经济管理》，2007 年第 11 期。

[212] 侯明利：《中国粮食补贴政策理论与实证研究》，江南大学博士学位论文，2009 年。

[213] 赵保佑：《统筹城乡协调发展的国际经验与启示》，《学术论坛》，2008 年第 3 期。

[214] 李云娥，周云波，郭震洪：《我国城乡二元反差程度未来发展趋势预测》，《天津大学学报（社会科学版）》，2008 年第 4 期。

[215] 姬亚岚：《多功能农业的产生背景、研究概况与借鉴意义》，《经济社会体制比较》，2009 年第 4 期。

[216] 王向阳：《多功能农业与财政支农补贴政策评价》，《经济研究参考》，2013 年第 45 期。

[217] 钟红，谷中原：《多功能农业的产业特性与政府资金支持措施》，《求索》，2010 年第 4 期。

[218] 尚玉钒：《基于信息流协调的组织和谐管理思考》，《中国软科学》，2001 年第 10 期。

[219] 王洪涛，席酉民，周云杰：《组织中秩序的起源与和谐管理》，《系统工程理论方法应用》，2001 年第 4 期。

[220] 席酉民，王亚刚：《管理研究（第 2 版）》，机械工业出版社，2013 年。

[221] 张红玉：《我国粮食补贴政策研究》，立信会计出版社，2009 年。

[222] 钟昱：《3 500 亿：以工哺农"拐点"显现》，《中国财经报》，2004 年 12 月 16 日。

[223] Hayami Y，Ruttan V W. Agricultural development：An international perspective（Revised and Expanded Edition）. Johns Hopkins University Press，1985.

[224] ［美］D. 盖尔·约翰逊（Johnson D G）：《经济发展中的农业、农村、农民问题》，林毅夫，赵耀辉，译，商务印书馆，2004 年。

[225] 彭晓矛：《农民增产不增收：原因、影响、对策》，《统计研究》，1992 年第 2 期。

[226] 柯炳生：《市场经济条件下农业政策目标的冲突与协调——兼论粮食生产、价格和农民收入的关系》，《农业经济问题》，1993 年第 2 期。

[227] 高帆：《中国经济发展中的粮食增产与农民增收：一致抑或冲突》，《经济科学》，2005 年第 2 期。

[228] 张淑萍：《我国粮食增产与农民增收协同的制度研究》，中共中央党校博士学位论文，2011 年。

[229] 吴连翠，谭俊美：《粮食补贴政策的作用路径及产量效应实证分析》，《中国人口·资源与环境》，2013 年第 9 期。

[230] 傅泽强，蔡运龙，杨友孝，等：《中国粮食安全与耕地资源变化的相关分析》，《自然资源学报》，2001 年第 4 期。

[231] 严士清，徐敏：《粮食产量与耕地面积间的动力学方法分析》，

《农机化研究》，2005 年第 2 期。

[232] 李振声：《保面积　攻单产　节消费——关于我国粮食生产与消费的几点思考》，《求是》，2008 年第 6 期。

[233] Ahituv A，Kimhi A. Off-farm work and capital accumulation decisions of farmers over the life-cycle：The role of heterogeneity and state dependence. Journal of Development Economics，2002（2）：329 –353.

[234] 陈祺琪，李君，梁保松：《基于灰色多元线性回归的河南省粮食产量预测》，《河南农业大学学报》，2012 年第 4 期。

[235] Yeo A. Predicting the interaction between the effects of salinity and climate change on crop plants. Scientia Horticulture，1998（1 – 4）：159 – 174.

[236] 李茂松，李章成，王道龙，等：《50 年来我国自然灾害变化对粮食产量的影响》，《自然灾害学报》，2005 年第 2 期。

[237] 刘家宏，郭迎新，秦大庸，等：《极端天气作用下的区域粮食产量波动——以石家庄冬小麦为例》，《清华大学学报（自然科学版）》，2011 年第 6 期。

[238] 张利庠，彭辉，靳兴初：《不同阶段化肥施用量对我国粮食产量的影响分析——基于 1952—2006 年 30 个省份的面板数据》，《农业技术经济》，2008 年第 4 期。

[239] 王祖力，肖海峰：《化肥施用对粮食产量增长的作用分析》，《农业经济问题》，2008 年第 8 期。

[240] 曾靖，常春华，王雅鹏：《基于粮食安全的我国化肥投入研究》，《农业经济问题》，2010 年第 5 期。

[241] Briggeman B C，Gray A W，Morehart M J，et al. A new U. S. farm household typology：Implications for agricultural policy. Review of Agricultural Economics，2007（4）：765 – 782.

[242] 王韧：《中国农村居民收入决定特征及其影响因素变动：1952—2003 年》，《数量经济技术经济研究》，2006 年第 4 期。

[243] 张翼：《农业生产资料价格变动与农民农业生产纯收入增长关系研究》，华中农业大学硕士学位论文，2008 年。

[244] 郭其友，万大艳：《基于 VAR 模型下粮食价格、农业生产成本与农民收入的实证研究》，《财经理论与实践》，2013 年第

6 期。

［245］张冬平，刘旗：《农产品市场波动对农民收入影响的量化分析》，《农业经济问题》，2002 年第 6 期。

［246］星焱，李雪：《粮食生产价格的决定因素：市场粮价还是种粮成本利润》，《当代经济科学》，2013 年第 4 期。

［247］苗珊珊：《中国粮食价格波动的农户福利效应研究》，《资源科学》，2014 年第 2 期。

［248］许庆，田士超，徐志刚，等：《农地制度、土地细碎化与农民收入不平等》，《经济研究》，2008 年第 2 期。

［249］吴江，武晓山，赵铮：《农户种粮收入的影响因素分析与最优粮食种植面积测算》，《经济理论与经济管理》，2010 年第 11 期。

［250］陈乙酉，付园元：《农民收入影响因素与对策：一个文献综述》，《改革》，2014 年第 9 期。

［251］张晓：《水旱灾害与中国农村贫困》，《中国农村经济》，1999 年第 11 期。

［252］巩前文，张俊飚：《农业自然灾害与农村贫困之间的关系——基于安徽省面板数据的实证分析》，《中国人口·资源与环境》，2007 年第 4 期。

［253］Mendelsohn R，Basist A，Kurukulasuriya P，et al. Climate and rural income. Climatic Change，2007（1）：101 – 118.

［254］韩红梅，王礼力：《农户扩大小麦种植面积意愿影响因素分析》，《统计与决策》，2012 年第 23 期。

［255］崔奇峰，周宁，孙翠清，等：《粮农综合补贴对农户生产要素投入的影响分析——以内蒙古太仆寺旗种植业农户的种子购买行为为例》，《农业经济与管理》，2014 年第 2 期。

［256］张宏：《农业生产投资与农业补贴的相关性分析》，《咸阳师范学院学报》，2005 年第 6 期。

［257］刘颖，董春玉：《粮食补贴政策对农户非农就业时间的影响分析——基于安徽省天长市的调研数据》，《华中农业大学学报（社会科学版）》，2014 年第 4 期。

［258］李双，代诗云，费卫卫，等：《我国粮食补贴政策执行效果、问题及对策研究——以湖北省监利县调查为例》，《当代经

济》，2014 年第 17 期。

[259] 吴连翠，柳同音：《粮食补贴政策与农户非农就业行为研究》，《中国人口·资源与环境》，2012 年第 2 期。

[260] 句芳，高明华，张正河：《中原地区农户非农劳动时间影响因素分析——基于河南省 298 个农户的调查》，《中国农村经济》，2008 年第 3 期。

[261] 王军英，朱晶：《基于劳动时间分配视角的农户外出务工问题研究》，《南京农业大学学报（社会科学版）》，2011 年第 1 期。

[262] 句芳，张正河，高明华：《创新培训理念、培育新型农民的几点思考——基于河南省 326 个农户劳动时间利用情况的调查》，《技术经济》，2007 年第 11 期。

[263] 董春玉：《基于农户视角的粮食补贴政策效果研究——来自安徽省天长市的调研数据》，华中农业大学硕士学位论文，2014 年。

[264] 国家发展和改革委员会价格司：《全国农产品成本收益资料汇编—2014》，中国统计出版社，2014 年。

[265] 河南省地调队农产量与农村住户处（发布人：杨屹）：《粮价涨不过农资价　惠农收益被缩水——2012 年河南小麦生产成本及收益调查报告》，http://www. ha. stats. gov. cn/hntj/tjfw/tjfx/qsfx/ztfx/webinfo/2012/07/1342169708166723. htm，2012 - 7 - 16.

[266] 朱玉芬：《基于博弈论视角的农业补贴政策研究》，《经济研究导刊》，2013 年第 5 期。

[267] ［瑞典］乔根·W. 威布尔：《演化博弈论》，王永钦，译，上海人民出版社，2006 年。

[268] 李越川：《演化博弈视角下的中国铁路运输企业产权制度变迁》，北京理工大学出版社，2013 年。

[269] 盛昭瀚，蒋德鹏：《演化经济学》，上海三联书店，2002 年。

[270] 邹祖绪：《基于演化博弈的风险投资退出股权拍卖机制研究》，武汉大学博士学位论文，2011 年。

[271] 刘素霞：《基于安全生产绩效提升的中小企业安全生产行为研究》，江苏大学博士学位论文，2012 年。

[272] Maynard Smith J, Price G R. The logic of animal conflict. Nature, 1973(5427):15 – 18.

[273] 黄凯南:《演化博弈与演化经济学》,《经济研究》,2009 年第 2 期。

[274] 易余胤,杨海深,张显玲:《网络外部性下双零售商竞争的演化博弈分析》,《管理科学学报》,2016 年第 9 期。

[275] 詹文杰,邹轶:《基于演化博弈的讨价还价策略研究》,《系统工程理论与实践》,2014 年第 5 期。

[276] 商淑秀,张再生:《虚拟企业知识共享演化博弈分析》,《中国软科学》,2015 年第 3 期。

[277] 高明,郭施宏,夏玲玲:《大气污染府际间合作治理联盟的达成与稳定——基于演化博弈分析》,《中国管理科学》,2016 年第 8 期。

[278] 牛文娟,王慧敏,牛富:《跨界水资源冲突中地方保护主义行为的演化博弈分析》,《管理工程学报》,2014 年第 2 期。

[279] 齐二石,李天博,刘亮,等:《云制造环境下企业制造资源共享的演化博弈分析》,《运筹与管理》,2017 年第 2 期。

[280] 刘人境,孙滨,刘德海:《网络群体事件政府治理的演化博弈分析》,《管理学报》,2015 年第 6 期。

[281] 盛光华,张志远:《补贴方式对创新模式选择影响的演化博弈研究》,《管理科学学报》,2015 年第 9 期。

[282] 汪勇杰,陈通,邓斌超:《政府补贴机制下研发外包的演化博弈分析》,《管理工程学报》,2017 年第 2 期。

[283] 傅沂:《基于演化博弈的光伏产业财政补贴政策转型研究》,《兰州学刊》,2014 年第 12 期。

[284] 高倩,范明,杜建国:《政府补贴对新能源汽车企业影响的演化研究》,《科技管理研究》,2014 年第 11 期。

[285] 史安娜,李兆明,黄永春:《工业企业研发活动与政府研发补贴理念转变——基于演化博弈视角》,《中国科技论坛》,2013 年第 5 期。

[286] 王冀宁,王俊勇:《农产品安全监管中农民合作组织与超市群体的演化博弈》,《求索》,2015 年第 1 期。

[287] 蒋军利,唐晓嘉:《农民合作经营组织中管理制度的演化博弈

分析》,《西南大学学报（自然科学版）》,2014 年第 11 期。

[288] 浦徐进,范旺达,路璐:《公平偏好、强互惠倾向和农民合作社生产规范的演化分析》,《中国农业大学学报（社会科学版）》,2014 年第 1 期。

[289] 罗倩文:《基于演化视角的农民合作经济组织稳定性分析》,《农机化研究》,2011 年第 4 期。

[290] 赵旭:《失地农民与地方政府利益冲突的演化博弈分析》,《广西大学学报（哲学社会科学版）》,2013 年第 2 期。

[291] 吴雪芹,王宏波:《农民群体性事件动态演化过程分析》,《西北农林科技大学学报（社会科学版）》,2013 年第 1 期。

[292] 尹希果,马大来:《农民和企业合作经营土地的演化博弈分析——基于不完全契约理论》,《农业技术经济》,2012 年第 5 期。

[293] 叶彩霞,刘碧云,秦红霞:《农民对人力资本投资的演化博弈分析》,《生产力研究》,2010 年第 1 期。

[294] 齐明山:《有限理性与政府决策》,《新视野》,2005 年第 2 期。

[295] 殷一平,冯宗宪:《基于电信产业的政府管制行为分析———一个糅合有限理性和偏好的理解视角》,《西北大学学报（哲学社会科学版）》,2008 年第 2 期。

[296] 段先盛:《1978 年以来中国改革成功的原因探究——有限理性政府试错式改革与满意实现》,《浙江社会科学》,2008 年第 2 期。

[297] 冯含睿:《论政府理性》,吉林大学博士学位论文,2016 年。

[298] 王维国,王霄凌:《基于演化博弈的我国高能耗企业节能减排政策分析》,《财经问题研究》,2012 年第 4 期。

[299] 刘明广,李高扬:《产学研合作创新的演化博弈分析》,《工业技术经济》,2012 年第 10 期。

[300] Friedman D. On economic application of evolutionary game theory. Journal of Evolutionary Economics,1998(1):15 –43.

[301] Bowles S. Microeconomics:Behavior, institutions and evolution. Princeton University Press,2004.

[302] 杜建国,王敏,陈晓燕,等:《公众参与下的企业环境行为

演化研究》，《运筹与管理》，2013 年第 1 期。

[303] 夏征农，陈至立：《辞海（第六版彩图本）》，上海辞书出版社，2009 年。

[304] 中国社会科学院语言研究所词典编辑室：《现代汉语词典（第 6 版）》，商务印书馆，2012 年。

[305] 魏姝：《政策中的制度逻辑——美国高等教育政策的制度基础》，南京大学出版社，2007 年。

[306] 毛寿龙：《公共政策的制度基础》，《北京行政学院学报》，2000 年第 1 期。

[307] 胡建渊，赵春玲：《政府主导型的社会主义新农村建设路径探析》，《社会主义研究》，2007 年第 4 期。

[308] 朱德米：《公共政策制定与公民参与研究》，同济大学出版社，2014 年。

[309] 程国强，朱满德：《中国工业化中期阶段的农业补贴制度与政策选择》，《管理世界》，2012 年第 1 期。

[310] 侯石安：《农业补贴的国际比较研究》，中国财政经济出版社，2013 年。

[311] 陈阵：《美国农业补贴政策研究》，经济科学出版社，2013 年。

[312] 柯炳生：《美国的粮食政策》，《农业经济问题》，1994 年第 5 期。

[313] 冯继康：《美国农业补贴政策：历史演变与发展走势》，《中国农村经济》，2007 年第 5 期。

[314] The United States Department of Agriculture (USDA). Agricultural Act of 2014: Highlights and implications. http://www. ers. usda. gov/agricultural – act – of – 2014 – highlights – and – implications. aspx, 2014 – 8 – 5.

[315] 谭砚文，曾华盛：《美国农业目标价格补贴政策的演变及对中国的启示》，《农村经济》，2015 年第 9 期。

[316] 李登旺，仇焕广，吕亚荣，等：《欧美农业补贴政策改革的新动态及其对我国的启示》，《中国软科学》，2015 年第 8 期。

[317] 尹显萍，王志华：《欧洲一体化的基石——欧盟共同农业政策》，《世界经济研究》，2004 年第 7 期。

[318] European Union (EU). Overview of CAP reform 2014 ～ 2020.

http://ec. europa. eu/agriculture/policy – perspectives/policy –
briefs/05_en. PDF,2013 – 12 – 5.

[319] European Commission(EC). CAP reform – An explanation of the
main elements. http://europa. eu/rapid/press – release_MEMO –
13 –937_en. htm,2013 – 10 –25.

[320] 石磊:《三农问题的终结:韩国经验与中国三农问题探讨》,
江西人民出版社,2005 年。

[321] 马晓春,李先德:《韩国粮食补贴政策的演变及启示》,《世
界农业》,2010 年第 1 期。

[322] 强百发,黄天柱:《韩国农业支持政策及其启示》,《吉林工
商学院学报》,2008 年第 5 期。

[323] 余翔:《韩国农业补贴管理情况及启示》,《上海农村经济》,
2015 年第 8 期。

[324] 李秉龙,乔娟,王可山:《WTO 规则下中外农业政策比较研
究》,中国农业出版社,2006 年。

[325] 亢霞:《我国粮食支持政策发展的阶段特征分析》,《农村财
政与财务》,2008 年第 4 期。

[326] 林赟:《粮食补贴与生产者行为研究》,《学习论坛》,2014
年第 11 期。

[327] 何忠伟:《中国粮食补贴政策的演进与绩效分析》,《科技导
报》,2006 年第 4 期。

[328] [澳大利亚] Kym Anderson,[日本] Yujiro Hayami:《农业保
护的政治经济学——国际透视中的东亚经验》,蔡昉,李周,
杜志雄,等译,天津人民出版社,1995 年。

[329] 高志辉,崔计顺,郝娟娟:《发达国家农业补贴政策及其启
示》,《前沿》,2005 年第 1 期。

[330] 朱满德:《经济发展中的农业补贴政策调整:国际经验与启
示》,《华南农业大学学报 (社会科学版)》,2011 年第 2 期。

[331] 马欢,梁蕴瑜:《美国粮食储备重民间 日本强调库存技术》,
http://www. time – weekly. com/story/2013 – 06 – 13/129989. html,
2013 –6 –13.

[332] 索寒雪:《粮食托市收储显现副作用 专家动议改变补贴方
式》, http://www. cb. com. cn/economy/2014 _1220/1102895.

html,2014 - 12 - 20.

[333] 曾宪聚，席酉民，杨百寅：《组织协作秩序的扩展及其知识逻辑——和谐管理理论的视角》，《管理学家（学术版）》，2008 年第 3 期。

[334] 方国昌：《一类新型节能减排系统的分析和应用》，江苏大学博士学位论文，2013 年。

[335] 刘小河：《非线性系统分析与控制引论》，清华大学出版社，2008 年。

[336] 许国志，顾基发，车宏安：《系统科学》，上海科技教育出版社，2000 年。

[337] 陈士华，陆君安：《混沌动力学初步》，武汉水利电力大学出版社，1998 年。

[338] 王翼，王歆明：《MATLAB 在动态经济学中的应用》，机械工业出版社，2006 年。

[339] 焦守文：《几类生态数学模型的稳定性分析》，中北大学硕士学位论文，2011 年。

[340] 陈关荣，汪小帆：《动力系统的混沌化：理论、方法与应用》，上海交通大学出版社，2006 年。

[341] 吕金虎，陆君安，陈士华：《混沌时间序列分析及其应用》，武汉大学出版社，2001 年。

[342] 毕伟光：《混沌工程应用的若干问题研究》，天津大学硕士学位论文，2007 年。

[343] 苗东升，刘华杰：《混沌学纵横论》，中国人民大学出版社，1993 年。

[344] 陈予恕：《非线性振动系统的分岔和混沌理论》，高等教育出版社，1993 年。

[345] ［美］R. Clark Robinson：《动力系统导论》，韩茂安，邢业朋，毕平，译，机械工业出版社，2007 年。

[346] 罗晓曙：《混沌控制、同步的理论与方法及其应用》，广西师范大学出版社，2007 年。

[347] 高远至：《从一号文件看农业补贴新取向》，http://www.banyuetan.org/chcontent/gd/pl/201522/124477.html,2015 - 2 - 2.

[348] 李艳洁：《2015 年大豆棉花目标价格直补范围不扩大》，http://

www. cb. com. cn/economy/2014_1230/1105011. html,2014 – 12 –
30.

[349] 财政部新闻办公室:《财政部　农业部有关负责人就调整完善农业三项补贴政策答记者问》,http://www. mof. gov. cn/zhengwuxinxi/zhengcejiedu/2015zcjd/201505/t20150522_1237622. html,2015 – 5 – 22.

[350] 莫开伟,姜文生:《调整"三农"财政补贴政策利国利农》,《经济日报》,2015 年 6 月 4 日。

[351] 农业部办公厅,财政部办公厅:《农业部办公厅　财政部办公厅关于印发〈2015 ~ 2017 年农业机械购置补贴实施指导意见〉的通知》,http://www. moa. cn/govpublic/CWS/201501/t20150129_4356487. htm,2015 – 1 – 29.

[352] 冯华:《今年农机补贴政策迎来大调整》,《人民日报》,2015 年 2 月 9 日。

[353] 仲文:《特稿:解读李克强》,http://theory. people. com. cn/n/2013/0315/c49150 – 20803150. html,2013 – 3 – 15.

[354] 王尔德,刘一萱,叶兴庆:《农产品屡破"天花板"倒逼调控机制大变革》,http://www. grainnews. com. cn/a/observe/2014/07/02 – 6364. html,2014 – 7 – 2.

[355] 高远至,周勉,吴涛:《粮食卖不动,粮农欲哭无泪——中国粮食太多了吗?》,http://www. banyuetan. org/chcontent/jrt/2015925/152960. html,2015 – 9 – 29.

[356] 杨光焰:《目标价格政策的实践难点与理论反思——基于大豆、棉花改革试点的经验》,李经谋《2015 中国粮食市场发展报告》,中国财政经济出版社,2015 年。

[357] 李经谋:《2015 中国粮食市场发展报告》,中国财政经济出版社,2015 年。

[358] 程瑛:《李克强:大国新总理成长史》,http://news. sina. com. cn/c/2013 – 03 – 15/111126541379. shtml,2013 – 3 – 15.

[359] 陈振凯:《总书记总理的三农情怀》,http://paper. people. com. cn/rmrbhwb/html/2013 – 12/30/content_1368896. htm,2013 – 12 – 30.

[360] 新华网:《"用改革最大红利让广大人民受益"——记中国国

务院总理李克强》，http:∥news. xinhuanet. com/2013lh/2013 -
03/17/c_124467419. htm，2013 - 3 - 17.

[361] 肖楠：《李克强的"农心"与"农经"》，http:∥politics. people.
com. cn/n/2015/0203/c1001 - 26501080. html，2015 - 2 - 3.

[362] 百度百科：《李克强》，http:∥baike. baidu. com/item/李克强/
632714，2015 - 6 - 24.

[363] 中公教育：《习近平、李克强关于"三农"问题的重要论
述》，http:∥learning. sohu. com/20150205/n408761092. shtml，
2015 - 2 - 5.

[364] 梁敏：《"超级推销员"李克强的大单：一年签下 1 600 亿美元》，
http:∥finance. sina. com. cn/china/20141226/015921167290. shtml，
2014 - 12 - 26.

[365] 张章：《国际社会积极评价李克强总理所作的政府工作报
告》，http:∥news. xinhuanet. com/world/2014 - 03/05/c_11962
7152. htm，2014 - 3 - 5.

[366] 白真智：《李克强：农业改革要尊重群众意愿和首创精神，
最重要是让农民富起来》，http:∥politics. people. com. cn/n/
2013/1105/c1024 - 23437619. html，2013 - 11 - 5.

[367] 中央政府门户网站：《李克强：完善强农惠农富农各项政策
稳定粮食生产 增强农民增收后劲》，http:∥www. gov. cn/
guowuyuan/2015 - 03/20/content_2836790. htm，2015 - 3 - 20.

[368] ［加拿大］亨利·明茨伯格，约瑟夫·兰佩尔，詹姆斯·布赖
恩·奎因，等：《战略过程：概念、情境、案例（第4版）》，
徐二明，译，中国人民大学出版社，2014 年。

[369] Rumelt R P, Schendel D E, Teece D J. Fundamental issues in
strategy：A research agenda. Harvard Business School Press，1994.

[370] 权小妍：《战略导向与绩效的权变关系研究》，大连理工大学
博士学位论文，2005 年。

[371] 文忠波：《基于流程的企业战略目标分解与控制研究》，重庆
大学硕士学位论文，2004 年。

[372] 王大刚，席酉民：《战略一致性在中国公司绩效下的实证检
验》，《系统工程理论与实践》，2007 年第 7 期。

[373] Dalin C, Qiu Huanguang, Hanasaki N, et al. Balancing water re-

sources conservation and food security in China. Proceedings of the National Academy of Sciences of the United States of America, 2015(15):4588 – 4593.

[374] 黄季焜，杨军，仇焕广：《新时期国家粮食安全战略和政策的思考》，《农业经济问题》，2012 年第 3 期。

[375] 洪涛，傅宏，等：《中国粮食安全发展报告（2013—2014）》，经济管理出版社，2014 年。

[376] 马九杰，张象枢，顾海兵：《粮食安全衡量及预警指标体系研究》，《管理世界》，2001 年第 2 期。

[377] 梅方权，张象枢，黄季焜，等：《粮食与食物安全早期预警系统研究》，中国农业科学技术出版社，2006 年。

[378] 邓大才：《粮农增收与粮食安全》，《开发研究》，2005 年第 2 期。

[379] 叶敬忠，安苗：《农业生产与粮食安全的社会学思考》，《农业经济问题》，2009 年第 6 期。

[380] Food and Agriculture Organization of the United Nations(FAO). World food security:A reappraisal of the concepts and approaches. Director General's Report,1983.

后　记

　　本书是在本人博士学位论文的基础上修改、完善而成的。值本书即将付梓之际，本人向论文撰写期间和专著成稿过程中给予本人帮助、指导和支持的人致以诚挚的感谢！

　　我首先要深深地感谢我的导师——金丽馥教授对我的精心栽培。"教海如春风，师恩似海深"。金教授从本书选题、方向确定到过程实施，给予我最直接、最有效的指导和帮助，她的师德风范、渊博学识、治学态度、善良品质和乐观精神等，成为我终身学习的典范。金教授不仅传授我做学问的方法与要领，而且还教会我许多做人做事的道理和本领。记得博士入学后由于我工作单位的二级学院办公室负责人调离，组织上任命我担任该职。而办公室事务之多之细之杂，大大出乎我的意料，我一时感觉似乎再也没有成块的时间来写作。在迷茫之际，是金教授无私地与我分享她担任校办副主任、宣传部部长等的工作经历，指导我如何合理地分配时间，怎样有效地将任务化解，这使我茅塞顿开，渡过难关。本书的顺利完成倾注了金教授大量的心血和时间，我想，如果不是遇到金教授，我的人生道路轨迹一定会变成另外的模样，这也许相当于和谐管理理论中的"显性漂移"吧。

　　感谢和谐管理理论的创始人——席酉民教授在选题阶段给予的指导与帮助。

　　席教授曾多次到我工作单位讲学，使我对和谐管理理论产生了浓厚的兴趣。攻读博士学位期间，我有幸与席教授交流选题及写作的相关问题，席教授还在他专著《和谐管理理论：案例及应用》上题字赠予我，使我如获至宝，大受鼓励。

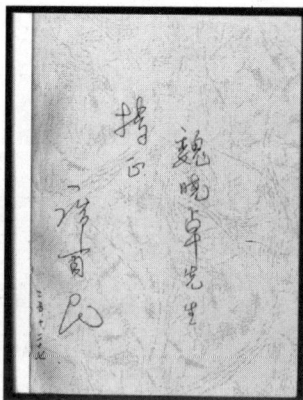

感谢江苏大学副校长梅强教授一直以来给予我的指引与帮助。作为学科带头人，梅教授高屋建瓴的学术思想让我在聆听"管理学前沿"学位课时受益匪浅。在开题阶段，梅教授对论文提出的宝贵修改意见，使我少走了很多弯路，在此深表感谢。预答辩前，梅教授获得第六届"蒋一苇学术基金奖"的喜讯传遍校园，是继获得国家精品课程、国家级教学成果奖后的又一大奖，这也激励着我们博士生向他学习：树立志向、矢志不渝、不断努力。

感谢江苏大学杜建国教授、庄晋财教授、施国洪教授、赵喜仓教授、路正南教授、冯缨教授、李光久教授等在博士生课程学习、论文开题、预答辩时的传道、授业、解惑。

在本书写作过程中，我经常与以下老师进行讨论与交流，感谢他们帮助我拓展思路与活跃思维，给予我许多写作的灵感与养分，他们是：美国学者 Liang Huigang 教授（美国东卡罗莱纳大学，East Carolina University）、中国学者吴君民教授、苏翔教授、韩文民教授、张光明教授、田剑教授、吴洁教授、盛永祥教授、马少辉教授、李保珍教授、顾平教授、邹农基教授、王念新副教授、黄雪丽副教授、李真副教授、鞠可一副教授、李鹏副教授、滕瑜副教授、张运华副教授、李正义博士等。尤其值得一提的是，李保珍教授在美国麻省理工学院、马少辉教授在英国兰卡斯特大学、王念新副教授在美国东卡罗莱纳大学、鞠可一副教授在新加坡国立大学访学期间，仍然经常不厌其烦地通过 QQ 或者 E-mail 给予我指导、启发与信心，令人感动。

感谢我工作单位的现任和原任校领导葛世伦教授、王济干教授、戴跃伟教授等，他们均非常关心我论文的进展情况，给予了极大的关怀和鼓励。

感谢盲审专家在百忙之中对博士论文进行评阅，我至今不知道他们的姓名，但对他们心存感激。感谢专家们对论文的认可与鼓励，以及提出的极富价值的修改意见和指明的后续研究方向，专家们的帮助进一步提升了论文的质量。

感谢我的乒乓球启蒙教练季征老师，以及高校的乒乓球教练刘守暇教授、周映春教授、须晓东副教授、陶渊老师等多年的悉心教导，运动员刻苦训练的生涯可以培养人能够吃苦、勇往直前的精神，比赛教会人怎样更好地对待失败与挫折，这让我能够从容面对攻读博士学位的艰苦历程。在读博阶段我代表江苏大学参加了全国历史文化名城乒乓球比赛和江苏省运动会高校部乒乓球比赛，均获单打金牌并晋升为国家级业余运动健将，为江苏大学争得了荣誉。

本书在写作过程中参阅了国内外相关领域专家、学者的重要成果，正是有了诸多的研究基础和无言的帮助，本书才得以顺利完成，在此表示诚挚的谢意。

感谢江苏大学出版社的编辑老师们，正是由于他们一丝不苟、精益求精的审稿、编辑与校对等工作，本书才得以如期面世。

我还要衷心感谢所有关心和帮助我的人，包括我的家人、同学、同事和朋友等，正是由于你们给予我信心和勇气面对和克服各种困难，才使我顺利完成了本书的写作，更使我不时地想到背后还有关爱我的人而更加努力、奋发向上。

"人是到地球上来做客的"，这是我已年近八旬的高校乒乓球教练刘守嘏教授给我讲过的人生感悟。是的，有一天，客人们终会离席，但是对一位科研工作者而言，哪怕他/她仅有一本专著、一篇优秀论文、一段师徒缘分等，成为其人生某一阶段"和谐主题"的亮点并启迪他人，那也必将无憾今生！